해결하는 순간 성과가 나는

직장의 문제 지도

SHOKUBA NO MONDAI CHIZU~
'DE, DOKOKARA KAERU?'
ZANGYO DARAKE·YASUMENAI HATARAKIKATA
written by Amane Sawatari / illustrated by Takumi Shirai

해결하는 순간 성과가 나는
직장의 문제 지도

1판 1쇄 인쇄 2019. 10. 28.
1판 1쇄 발행 2019. 11. 4.

지은이 사와타리 아마네
옮긴이 김영란

발행인 고세규
편집 박보람 | 디자인 조명이
발행처 김영사
등록 1979년 5월 17일(제406-2003-036호)
주소 경기도 파주시 문발로 197(문발동) 우편번호 10881
전화 마케팅부 031)955-3100, 편집부 031)955-3200 | 팩스 031)955-3111

값은 뒤표지에 있습니다.
ISBN 978-89-349-9940-9 04320
        978-89-349-9939-3 (세트)

홈페이지 www.gimmyoung.com 블로그 blog.naver.com/gybook
페이스북 facebook.com/gybooks 이메일 bestbook@gimmyoung.com

좋은 독자가 좋은 책을 만듭니다.
김영사는 독자 여러분의 의견에 항상 귀 기울이고 있습니다.

이 도서의 국립중앙도서관 출판시도서목록(CIP)은 서지정보유통지원시스템 홈페이지
(http://seoji.nl.go.kr)와 국가자료공동목록시스템(http://www.nl.go.kr/kolisnet)에서
이용하실 수 있습니다.(CIP제어번호 : CIP2019040877)

사와타리 아마네 | 김영란 옮김

해결하는 순간

성과가 나는

직장의
문제 지도

김영사

차례

SECTION 04

SECTION 05

왜 낮은 생산성에서 벗어나지 못할까?

　최근 길어지는 노동 시간과 생산성의 저하가 문제시되고 있습니다. '이대로는 안 된다'며 기업과 정부는 하나같이 '워크 라이프 밸런스'(이하 워라밸)를 주창하며, 정시 퇴근하는 날을 정하고 야근 시간을 규제하는가 하면 유급 휴가 사용을 촉진하는 등 시책 마련에 노력을 기울이기 시작했습니다.

　하지만 애석하게도 주변 회사원들한테서는 한숨 어린 푸념만이 들려옵니다.

① 정시 퇴근은 일부 부서의 이야기일 뿐, 밤늦게까지 남아 일하는 건 여전하다

② 일을 더 하고 싶은데 억지로 퇴근을 시키니, 오히려 의욕이 떨어진다

③ 끝나지 않는 일이 매일매일 쌓여간다

④ 업무의 질이 떨어져 클레임이 빗발친다

⑤ 하다 만 일이 신경 쓰여 되레 스트레스를 받는다

⑥ 다른 사람을 돌아볼 여유가 없어 대화가 사라졌다

⑦ '야근 금지'라는 상사의 잔소리가 듣기 싫어, 퇴근 후 집에서 일하기도 한다

⑧ 정시 퇴근하는 날을 빼고는 오히려 야근이 늘었다

⑨ 추가 근무는 죄다 관리직 몫이다 보니 관리직의 몰골이 말이 아니다

⑩ 재량노동제?(실제 노동 시간에 상관없이 일정 시간만 일하는 노동 형태 – 옮긴이) 돈도 주지 않는 추가 근무가 늘어났을 뿐이다

어떻습니까?

여러분의 직장에서 내세우는 '워라밸'은 한낱 말장난에 지나지 않을 수도 있습니다. 부디 아무도 행복하지 않는 안타까운 상황이 이 책을 통해 조금이나마 해소되길 바랍니다.

그렇다면 대체 무슨 이유로 이렇게 무의미한 '워라밸 흉내놀이'가 확산된 것일까요? 워라밸 향상이라는 미명하에 행해지는 대표적인 두 가지 시책을 예로 들어서 살펴보겠습니다.

① 추가 근무를 줄여라!

정시 퇴근일의 지정. 추가 근무 시간의 상한선 설정. 재량노동제 도입. 많은 기업들이 이 중 하나는 실행하고 있습니다. 그래서 표면적으로는 노동 시간이 줄어든 것처럼 보입니다.

하지만 고작 이 정도로는 '워라밸'이 개선되지 않습니다. 사실

업무량은 줄어들지 않고, 업무 진행 방식도 변함이 없으며, 구성원의 능력도 그대로인데 이러한 여러 요소들을 고려하지 않은 채 제도만 도입한다고 해서 효과가 나타날까요?

물론 직장마다 업무의 진행 방식을 고민하고 개선을 촉구하는 효과는 있을 것입니다. 하지만 대다수의 직장에서는 업무 진행 방식 자체가 일하는 당사자의 영역이기 때문에, 프로세스의 고민과 개선 또한 개인의 몫이 될 수밖에 없습니다. 위에서는 이렇게 말하겠죠. '다음 달부터는 추가 근무가 안 된다니까 잘 부탁해. 아무튼 어떻게든 해보자고.' 이게 전부입니다! 결국 '개개인의 노력과 근성으로 어떻게든 해달라'는 커다란 틀은 변함이 없는 것입니다.

추가 근무 시간이나 총 노동 시간이라는 결과로 드러난 숫자에만 주목하느라 업무 진행 방식이나 조직의 기술 등 프로세스에는 무관심합니다. 이게 도대체 무슨 의미가 있을까요? 노동 시간 감축이란 그저 인사 부문에서만 겉도는 말일 뿐, 자기만족으로 끝나버리는 건 아닌가요? 현장에서는 계속해서 불만만 쌓여가는데도요. 그렇다면 현장에 있는 사람은 개선을 위해서 무엇을 할 수 있을까요?

② 커뮤니케이션을 개선하자!

다음으로 자주 언급되는 것이 커뮤니케이션 문제입니다.

"우리 부서는 커뮤니케이션이 부족해."
"우리 회사는 커뮤니케이션에 문제가 있어."

이렇게 불평하는 관리직이 너무도 많습니다.

단지 추가 근무 규제를 제도적으로 강화한다고 해서 직장의 문제가 해결되지는 않습니다. 진정한 의미의 '워라밸'이 향상될 리 없죠. 그렇게 '커뮤니케이션에 문제가 있을 것'이라는 문제의식에서 칼을 뽑아드는 것까지는 좋습니다. 하지만 대다수의 경우, 대책이라고 내놓은 것이 참으로 아쉽습니다.

'프레젠테이션 능력 향상을 위한 연수 실시'
'관리직 연수 실시'

이상 끝.
잠깐, 잠깐만요. 정말 이게 끝인가요?
단언하건대, 프레젠테이션 능력이 향상될 수는 있지만 커뮤니케이션은 좋아지지 않습니다. 고작 반나절이나 하루 정도의 연수로 단숨에 커뮤니케이션 능력을 끌어올리겠다고요? 세상은 그렇게 호락호락하지 않습니다.

"커뮤니케이션 문제는 너무 복잡하고 뿌리가 깊으니 우선 손대기 쉬운 것부터, 눈에 보이는 것부터 시작해보는 게 어떨까? 우선, 프레젠테이션 연수나 관리직 연수를 실시해보자."

하지만 고작 한두 번 실시하는 연수만으로는 의미가 없습니다.

프레젠테이션 능력만을 평가하자면, 베테랑보다도 오히려 신입사원 쪽이 뛰어납니다.

저는 매년 4월이면 기업 강의에서 신입사원들을 가르치는데, 신입사원의 프레젠테이션 실력이 매해 좋아지고 있다는 것을 실감합니다. 학창 시절부터 세미나나 동아리 활동을 통해 파워포인트를 활용한 발표나 회의에 익숙해져 있으니까요. 아마도 앞으로 몇 년 안에 신입사원을 대상으로 한 프레젠테이션 연수는 무의미해질 것입니다. 그 정도로 요즘 젊은이들의 프레젠테이션 능력은 탁월합니다.

그런데 이렇게 우수한 사원들이 불과 2년 사이에 자기 의견도 말하지 못하는 소극적인 모습으로 변해버립니다. 그 결과, 상사 입에서는 "우리 부서는 커뮤니케이션이 부족해"라는 말이 나오게 되죠. 이유가 무엇일까요?

여기에서도 개인에게 의존하는 구조가 눈에 띕니다.

어차피 연수는 개인의 기술을 향상시킬 뿐입니다. 물론 이 또한 필요하지만 개인 기술 향상만으로는 업무 진행 방식이 나아질리 없습니다. 그보다는 오히려 평소 조직을 효율적으로 운영하기 위한 필수 요소인 보고, 연락, 상의(이후부터 보·연·상) 방법이나 회의의 진행 방법 등 프로세스 개선이 더 중요합니다. 더 강하게 얘기하자면, 프레젠테이션 능력이 부족한 사람들끼리도 의사소통할 수 있는 시스템과 기회가 마련되어야 합니다. 거기에 개인의 프레젠테이션 능력까지 향상시킨다면 금상첨화겠죠. 그랬을 때 우수한 인재가 더욱 빛날 수 있습니다. 하지만 조직의 프로세스 구축은 뒷전이고 개인 기술만 향상시키려 들다 보니 제대로되지 않는 것입니다.

'프레젠테이션 기술이 탁월한 영업사원이 그만두자마자 매출이 뚝 떨어졌다'는 이야기를 들은 적이 있습니다. 다시 말해 개인의 기술에만 의존하는 것은 도리어 조직에 위험 요소가 됩니다.

이제 감이 오시나요? 추가 근무 규제 등의 '제도'와 연수 같은 '개인 기술'의 향상만으로는 충분하지 않다는 것을요. 직장의 근본적인 문제는 건드리지 않고, 일하는 개인의 노력과 근성에만 의존하는 아주 취약한 상황입니다.

☑ 제도나 개인의 기술 향상을 위한 대책을 추진하고 있지만…

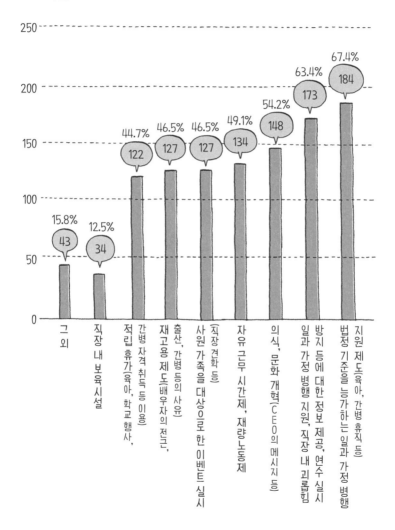

- 그 외 — 15.8% (43)
- 직장 내 보육시설 — 12.5% (34)
- 적립 휴가(육아, 학교행사, 간병 자격 취득 등 이용) — 44.7% (122)
- 재고용 제도(배우자의 전근, 출산, 간병 등의 사유) — 46.5% (127)
- 사원 가족을 대상으로 한 이벤트 실시(직장 견학 등) — 46.5% (127)
- 자유 근무 시간제, 재량 노동제 — 49.1% (134)
- 의식, 문화 개혁(CEO의 메시지 등) — 54.2% (148)
- 일과 가정 병행 지원, 직장 내 괴롭힘 방지 등에 대한 정보 제공, 연수 실시 — 63.4% (173)
- 법정 기준을 능가하는 일과 가정 병행 지원 제도(육아, 간병 휴직 등) — 67.4% (184)

출처 : 일본경제단체연합회 '워크 라이프 밸런스 대책 현황' 2015년 9월 30일

이 상태가 계속된다면 어떻게 될까요? 개인은 점점 피폐해지고, 망가질 것입니다. 알다시피 해가 갈수록 정신 건강에 문제가 있는 사람들이 늘어나고 있습니다. 이미 사회는 저출산 고령화가 심각해져 있는데, 앞으로 어떻게 되겠습니까?

그렇다면 우리는 무엇을 해야 할까요?

제도적인 측면과 개인 기술 향상뿐 아니라 보다 근본적인 개선책을 강구해야만 합니다.

구체적으로 '제도' '프로세스' '개인 기술' '기회' 이 네 가지 관점에서 직장의 문제점을 파악하고, 할 수 있는 것부터 시작해봅시다.

현재 많은 기업들은 '제도'와 '개인 기술' 향상에만 열을 올리고 있습니다. 이 두 가지는 어디까지나 개인에게 의존하는 대책이죠. 이제는 조직의 문제로 파악하고 해결해나가야 할 때입니다.

여러분과 함께 그 해답을 찾아 나가는 것이 바로 이 책의 목적입니다.

이 책에서는 제가 예전에 몸담았던 네 개 회사와 서른 곳이 넘는 기업 현장에서 보고 들은 여러 사례를 총망라하여 '직장의 문제 지도'를 만들어보았습니다.

'제도' '프로세스' '개인 기술' '기회' 이 네 가지 측면에서 문제점을 찾아내 '어째서 회사는 추가 근무가 끊이지 않는지' '진정한

☑ 네 가지 관점에서 직장의 문제점을 파악해보자!

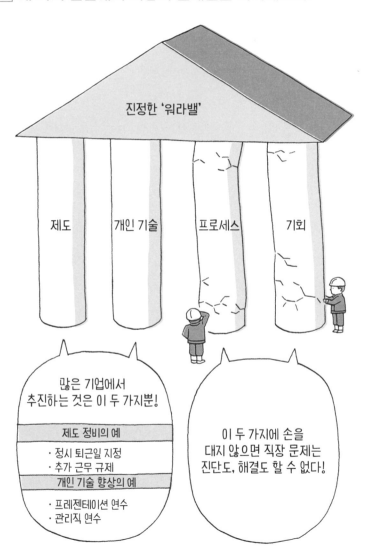

워라밸을 실현하기 위해서는 무엇을 해야 하는지' 철저하게 원인을 분석해보겠습니다.

물론 이 책의 내용이 모든 직장에 딱 맞아떨어지지는 않을 겁니다. 직장마다 환경이 다르니까요. 이 책의 문제 지도를 여러분의 직장과 대조해보면서 '우리 회사에도 해당한다'고 생각되는 부분에 주목해주십시오. 그리고 개선책을 하나라도 적극적으로 시도해보십시오.

이 책은 여러분의 회사에서 공허하게 떠도는 '워라밸'이라는 말을 없애기 위해서 존재합니다.

재작업이 많다

"뭔가 내가 생각했던 그림이 아닌데……. 이 그래프는 꺾은선 말고, 막대그래프로 해주겠나? 그리고 자세히 살펴봐야 할 내용은 세 가지로 추려주고. 폰트는 좀 더 크게. 그럼 다시 해오게."

"제안서에서 개인정보보호법의 위험 요소가 나오는 대목 말인데, 법무부에 확인은 해보았나? 잘 모르면서 멋대로 판단해서 쓰면 안 되지."

"아, 미안, 미안. 실은 부장님 생각이 바뀌었어. 데이터는 월별이 아니라 일별로 보고 싶으시대."

"아, 이렇게까지 자세하게 다루지 않아도 괜찮은데……. A 씨가 지난달 제출했던 보고서 있잖아. 그런 식으로 정리해주겠나."

이러한 재작업은 '야근이 끊이지 않는' 직장, '쉴 수 없는' 직장을 만드는 원인 중 하나입니다. 재작업은 업무 효율뿐 아니라 일하는 사람의 의욕도 크게 떨어뜨립니다. '겨우 하나 끝냈네, 해방이다!' 하고 한숨 돌렸는데, 재작업이라뇨. 그것도 금요일 저녁이라면? 아, 생각만 해도 끔찍하네요. 지시하는 상사도 다시 작업해야 하는 당사자도 우울하기 짝이 없습니다. 애써 작업한 것이 헛수고가 되는 이런 일들이 오늘도 여러분의 직장에서 벌어지고 있지는 않나요?

왜, 재작업이 발생할까?

재작업이 발생하는 원인은 크게 네 가지입니다.

① 단번에 만점을 받으려 한다

② 상황 변화에 대처하지 못한다

③ 일의 방법이나 품질이 제각각이다

④ 반응과 판단이 느리다

① 단번에 만점을 받으려 한다

'마감 시간에 닥쳐 기안을 올렸는데 상사에게 퇴짜를 맞았다.'

재작업이 많은 직장을 관찰해보면 이런 패턴에 빠진 사람이 수두룩하다는 사실을 알게 됩니다.

일을 지시받으면 성과물의 이미지에 대해 조율하는 과정을 거치지 않고 그냥 자신의 방식과 속도대로 냅다 달려버립니다. 그러고는 마감 시간에 닥쳐 보고하죠. '음, 잘했네. 이만하면 100점 만점이군!' ……이런 반응을 기대하는 건 혼자만의 착각일 뿐, 퇴짜를 맞기 일쑤입니다. 안타깝게도 다시 작업할 수밖에 없는 운명입니다.

☑ 재작업이 발생하는 원인

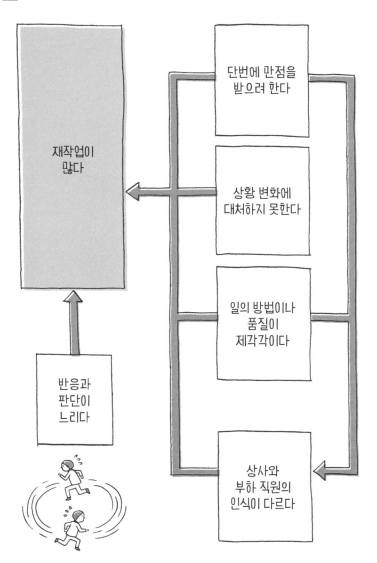

② 상황 변화에 대처하지 못한다

"역시나 사업부장이 그래프도 보고 싶다는군. 미안한데, 보고서 구성을 바꿔주겠나?"

"참석자가 늘어나서 그러는데, 큰 회의실을 다시 잡아주겠나?"

일의 목적이나 성과물이 항상 같지는 않습니다. 오히려 바뀌지 않는 경우가 드문 편입니다. 하지만 여기서 재작업을 최소화하는 핵심은 그러한 변화를 얼마나 빨리 알아차리고, 상사와 부하가 공유하느냐 하는 것이죠. 그러나 사실 쉬운 문제는 아닙니다.

③ 일의 방법이나 품질이 제각각이다

"지난달에 자네가 제출한 보고서와 항목이 다르지 않은가, 왜 그런 거지? 지난번 것이 괜찮았는데……."

"왜 B 씨와 작성법이 다르지? B 씨 형식에 맞춰서 다시 해오게."

작업할 때마다, 혹은 사람에 따라, 성과물의 내용이나 품질이 제각각이라면 보고받는 상대도 곤란하거니와 무엇보다 작업 효율이 떨어집니다. 매번 처음부터 다시 생각하고 작업한다면 시간도 노력도 그만큼 더 들어갈 테니까요.

이 세 가지 경우는 상사와 부하 간의 인식 차이를 초래합니다.

일의 성과물에 대해 상사와 부하가 생각하는 그림이 다르다는 것인데, 이러한 인식 차이는 재작업을 발생시키는 제일 큰 요인이라고 할 수 있습니다.

여기에 재작업을 발생시키는 주요 요인이 하나 더 있습니다.

④ 반응과 판단이 느리다

가령, 타 부서의 C 씨에게 업무 협조 메일을 받았다고 합시다.

타 부서의 C 씨 : 업무 협조를 바라오니, 다음 세 가지 중에서 가장 편한 일정으로 회신 부탁드립니다. ① 10월 18일(화) 10:00~12:00 ② 10월 19일(수) 15:00~17:00 ③ 10월 21일(금) 13:00~15:00

당신은 이 메일을 그대로 방치해두었다가 3일이 지나서야 다음과 같이 회신합니다.

그럼, ② 10월 19일(수) 15:00~17:00로 부탁드립니다.

그런데, C 씨의 답장은…….

타 부서 C 씨 : 죄송합니다. 그 시간에 이미 다른 회의가 잡혀버렸습니다. 일정을 다시 조정할 테니 기다려주시겠습니까?

네, 이렇게 재작업 발생! C 씨는 다시 관계자들의 스케줄을 확인하고 회의실을 확보한 다음, 가능한 일정을 몇 가지 정해서 당신에게 연락해야만 하겠죠.

이러한 일련의 번거로운 작업은 C 씨뿐 아니라 다른 참석자들을 포함한 많은 사람들의 재작업을 발생시킵니다.

당신이 처음에 메일을 받자마자 재빨리 판단해서 회신을 했다면 이런 식의 재작업은 일어나지 않았겠죠. 판단을 보류하는 사이 점점 시간은 흘러가고 상황은 바뀌어버립니다.

"신속성"

이것은 상대의 시간에 대한 배려이며, 재작업을 없애는 핵심이기도 합니다.

그렇다면 당신이나 상사의 반응과 판단이 늦어지는 이유는 무엇일까요?

한번 가슴에 손을 얹고 생각해보세요.

재작업은 초기에 방지하자!
- 성과물의 이미지를 조율하고 보·연·상을 설계하는 것이 열쇠

좀처럼 사라지지 않는 재작업을 조금이라도 줄이려면 어떻게 해야 할까요?

텔레파시 능력을 갖춘다

가장 확실한 방법이 되겠군요. 만약 이것이 가능하다면 상대와의 인식 차이를 없앨 수 있습니다. 하지만 안타깝게도 텔레파시는 아무나 갖출 수 있는 능력이 아닙니다(저에게도 텔레파시 능력은 없습니다).

'단번에 만점을 받으려 한다' '상황 변화에 대처하지 못한다' '일의 방법이나 품질이 제각각이다' '상사와 부하 직원의 인식이 다르다' 이 네 가지는, 사실 한꺼번에 해결할 수 있습니다. 텔레파시 같은 건 못해도 괜찮습니다!

핵심은 바로 일에 착수할 때 성과물의 이미지를 조율하고 나서 보·연·상을 설계하는 것입니다. 여기에서는 이 두 가지를 살펴보겠습니다.

① '구상도'를 그린다

② 보·연·상의 타이밍을 설계하고 조율한다

① '구상도'를 그린다

여러분은 '구상도'라는 말을 들어본 적이 있습니까? 제조업에서 흔히 사용하는 용어로, 기계 등의 도면이나 도안의 초안을 뜻합니다. 간단히 말하자면 '대략적인 뼈대만 그려놓은 그림'인 것이죠.

구상도는 힘들이지 않고 상대와 성과물의 이미지를 조율할 수 있는 아주 효과가 좋은 방법입니다. 필요한 것은 종이와 펜, 그리고 그림을 그리려는 약간의 의지만 있으면 됩니다.

예를 들어 친한 친구 다섯이서 친구 D 씨의 생일 파티를 준비하게 되었다고 칩시다. 당신은 케이크 만드는 일을 맡게 되었습니다. 이때 혼자서 결정하고 제멋대로 만들어버린다면 어떻게 될까요.

"아니, 왜 둥근 모양으로 만들었어? 웨딩 케이크처럼 네모난 게 좋지 않을까."

"아, 키위를 넣었네……. D가 키위라면 질색할 텐데."

"생크림 케이크잖아. 남으면 집에 가지고 가서 딸을 줄까 했지.

한데 우리 딸은 초콜릿 케이크밖에 안 먹는데…….”

이렇게 될지도 모릅니다. 그리고…….

“미안한데, 아직 시간이 있으니까 다시 만들어줄래?”

최악의 경우, 이런 사태가 벌어질 수도 있습니다. 지금까지 쏟은 시간과 노력은 뭐가 되나요…….

“케이크를 이렇게 만들까 하는데, 어때?”

대신 처음부터 종이에 간단히 구상도를 그려서 친구들과 완성된 케이크 이미지를 맞추어보았다면 어땠을까요? 재작업은 하지 않아도 되었겠죠.
이제 이것을 당신의 일에 빗대어본다면…….

- 상사에게 자료를 작성하라는 지시를 받았다. 곧바로 완성된 파워포인트 이미지(레이아웃)를 구상도로 그린다.
- 큰 회의의 회의실 설치 운영을 의뢰받았다. 회의실의 구상도를 그린다.
- 매뉴얼 작성을 부하 직원에게 지시한다. 목차의 항목과 도표 및 텍스트 배치

이미지를 구상도로 보여준다.

이처럼 여러 경우에 응용해볼 수 있습니다.

그림이 아니더라도 가령 전임자가 작성한 예전 자료나 사진 등 구체적으로 상대방과 이미지를 수월하게 맞춰볼 수 있는 자료가 있다면 그 자료를 활용하여 조율하는 것도 좋겠죠.

일을 지시받을 때와 지시할 때 모두, 성과물의 이미지를 곧바로 조율합니다. 이것이 몸에 배도록 합시다.

② 보 · 연 · 상의 타이밍을 설계하고 조율한다

31쪽과 32쪽에 나오는 두 그림을 봐주세요. 단번에 만점을 받으려는 사람은 마지막에 역전 끝내기 홈런을 노리는 것과 매한가지입니다. 하지만 안타깝게도 만루 홈런은 그렇게 쉽게 칠 수 있는 게 아니죠. 그러다 보니 아예 처음부터 다시 해야 하는 경우도 생깁니다.

이러한 패턴은 재작업의 범위가 크다는 것이 특징입니다. 당연히 그만큼 추가 근무 시간은 더 늘어날 겁니다. 게다가 반려를 당한 충격도 큽니다. 일의 결과를 완전히 부정당한 것이나 마찬가지니까요.

이렇게 역전 끝내기 홈런을 노리는 것은 위험한 일입니다. 그

러니 상대와 조율해나가면서 착실하게 만점에 가까워지는 진행
방식을 취하도록 하세요.

 일을 맡은 단계에서 성과물의 이미지를 상대와 확인하는 동시
에 '언제, 어떤 타이밍에, 무엇을 보·연·상 할 것인가?' 다시 말
해 보·연·상의 타이밍도 상대와 조율합니다.
 앞서 얘기한 생일 케이크 만들기의 예를 들어보자면……

- 구상도를 그리고
- 재료와 데커레이션을 친구들에게 보여준다
- 케이크 빵이 완성된 단계에서 친구들에게 보여준다
- 크림을 바른 다음 친구들에게 보여준다
- 마지막으로 데커레이션한다

 이렇게 한다면 어떨까요? 틀림없이 대폭 수정하는 일은 피할
수 있을 것입니다.
 다시 작업하는 일이 없게 하려면 성과물의 이미지를 조율하고
나서, 보·연·상을 설계하는 것이 중요합니다. 이것은 개인의 기
술 향상으로 되는 것이 아니라 업무를 처리하는 방식, 즉 조직의
프로세스에 관한 문제입니다. 여러분의 직장에서는 개인 기술만

☑ 단번에 만점을 받으려는 사람의 행동

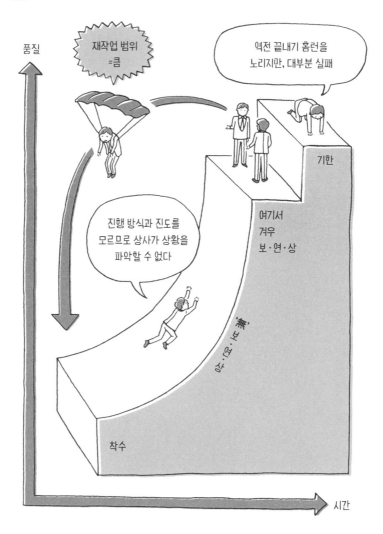

☑ 상대와의 조율을 통해 착실하게 만점에 가까워지는 사람의 행동

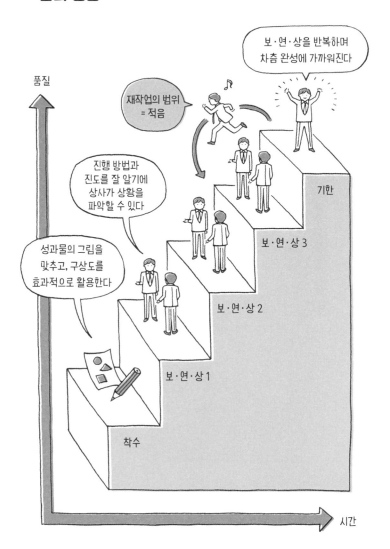

으로 일을 진행하고 있진 않나요?

다섯 가지 요소로 업무를 파악한다

대체 '일을 한다'는 것은 어떤 것인가요?

한마디로 말하자면 '인풋을 성과물로 바꾸는' 조치입니다. 그러려면 '무엇 때문에, 누구를 위해서 이 성과물을 만들어내는가?'를 따져보아야만 합니다. 또 많은 경우 혼자서는 완성할 수 없기 때문에, 관계자를 염두에 두어야 할 필요가 있습니다.

요약하면, 업무는 다음의 다섯 가지 요소로 성립됩니다. 업무를 맡았을 때(당신이 상사라면 지시한 때), 상대와 이 다섯 가지에 대한 생각을 맞추어봅시다.

① 목적

이 업무는 무엇 때문에, 누구를 위해서 하는가?

② 인풋

이 업무를 진행하여 성과물을 만들기 위해서는 어떤 정보, 재료, 방법, 기술 등이 필요한가?

③ 성과물

만들어내야 하는 결과물, 혹은 완료 상태는 어떤가? 기한은? 보고 상대는 누구인가?

④ 관계자

연관 있는 관계자, 협력자는? 인풋은 누구(어디)한테서 입수해야 하나? 성과물은 누구를 위한 것인가?

⑤ 효율

이 업무의 속도는? 생산량은? 비용은? 인원은? 수율(불량률)은?

그림으로 나타내면 다음과 같습니다.

이 다섯 가지 요소 중 어느 하나에 문제가 생기면 어떻게 될까요? '일이 잘 돌아가지 않는' '직장에 문제가 있는' 상태가 되겠죠.
이 그림은 이 책의 핵심이며, 앞으로 반복해서 여러 번 등장합니다. 아주 간단하지만 여러분 직장의 문제를 파악하고 개선하기 위한 중요한 그림이므로 잘 기억해두길 바랍니다.

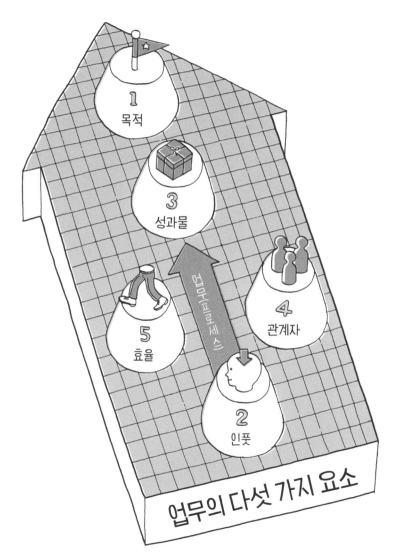

✅ 업무의 다섯 가지 요소

1 목적

3 성과물

5 효율

업무(프로세스)

4 관계자

2 인풋

업무의 다섯 가지 요소

상사와 부하 직원의
인식이 다르다

돌발상황 당신은 산업 기계 제조회사의 영업부에서 사원으로 근무하고 있습니다. 어느 날, 상사가 급하게 업무 지시를 내립니다.

상사 : "미안한데, 지난 6개월간의 월별 매출을 그래프로 만들어줄 수 있을까? 퇴근 전까지 부탁하네."

당신 : "네, 알겠습니다."

두 시간 후

당신 : "완성했습니다! 겨우 다 했습니다."

상사 : "아, 다행이군. 휴. 음…… 음? 흠, 좀 약한데. 글자와 그래프가 작아……."

당신 : "아, 이걸로는 안 된다는…… 말씀인가요?"

상사 : "말하지 않았어? 저기, 이거 경영회의에서 프로젝트로 보여줘야 하는 자료야. 당연히 알고 있을 거라 생각했는데. 경영회의라서 연세 드신 분들이 많잖아. 더군다나 자잘한 글자나 그림은 거북해하신다고……. 어떤 때는 대놓고 큰 소리로 불평하는 분들도 계시고. 미안한데, 그래프는 중앙에 매출액만 제시하고, 글자 크기는 16포인트 이상으로 해주겠나?"

당신 : "아, 네…… 알겠습니다(아니, 경영회의에서 쓸 자료라는 말은 미리 해줘야지!)."

상사 : "그리고, 이 매출액 수치는 어디서 가져왔지?"

당신 : "어제 있었던 내부 회의의 월보고 자료에서 가져온 것입니다."

상사 : "아, 그건 안 돼!"

당신 : "네?"

상사 : "월보고 수치는 영업부 내부용이야. 공식적인 수치는 경영기획부에서 받도록 하게."

당신 : "그럼, 경영기획부의 누구에게 물어보면 될까요?"

상사 : "아, 그것도 모르나? 영업에 관한 정보 관리는 E 씨가 하잖아. 한 시간 안으로 부탁하네."

당신 : "아, 네…… 알겠습니다(또, 야근인가……)."

이렇게, 재작업 발생!

☑ 작성한 그래프와 필요했던 그래프

어떻습니까. 웃음이 나지만 차마 웃지 못하는 분들이 많을 것 같은데요. 확인하지도 않고 무조건 진행하는 바람에 인식 차이가 생겨버린 것입니다. 당연히 재작업과 추가 근무로 이어지겠죠.

이 경우는 부하 직원인 당신뿐만 아니라 상사에게도 문제가 있습니다(이렇게 중요한 업무를 마감 직전에 갑자기 지시하는 것은 상사의 관리 능력 부족입니다……).

이러한 인식 차이는 양쪽의 커뮤니케이션 기술이 부족하거나 서로의 성격 차이로 치부되기 일쑤입니다(물론 이것들도 일부 원인

☑ 상사와 부하 직원 사이에 인식 차이가 발생하는 원인

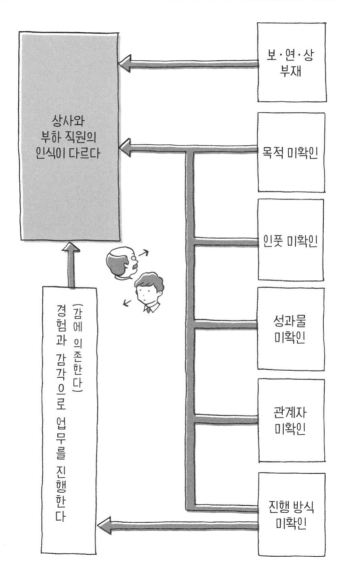

으로 작용합니다). 하지만 그렇게 생각하고 문제를 덮어두면 여러
분 직장의 업무 방식은 절대 개선되지 않을 것입니다. 이제 한 걸
음 더 들어가 업무 진행의 방식 자체에 집중해봅시다.

도대체 업무의 목적은 무엇인가?

'업무의 목적을 확인한다.'

알고는 있지만 의외로 잘 되지 않는 것이 바로 목적을 확인하
는 일입니다. 그렇다고 놓치고 갔다가는 낭패를 보기 쉽습니다.

그런데 지시하는 쪽(상사)에서 목적을 가르쳐주지 않거나, 부
하 직원이 나서서 "목적이 무엇입니까?" 하고 물어보기 난처한
경우가 많이 있습니다. 애초에 상사가 목적을 파악하지 않은 채
부하 직원에게 업무를 맡기는 경우도 있는데(속되게 말하면 '떠넘기
기') 이 또한 문제입니다.

그럴 때는 다음의 두 가지 방법이 효과적입니다.

① 목적을 나름대로 설정하여 확인한다
② 해당 업무의 성과물 용도를 확인한다

"지시하신 자료는 외부용 설명 자료로도 활용된다고 생각하고 작성하면 되겠습니까……."

"회의실에서 프로젝터로 보여주기도 하나요?"

이런 식으로 자신이 먼저 목적을 설정하고 확인하는 버릇을 들인다면 업무의 재작업을 방지할 뿐 아니라 그저 '지시를 기다리는' 사람에서 '스스로 생각하고 행동할 줄 아는 눈치 빠른' 사람으로 발전할 수 있습니다.

인풋은 무엇인가?

성과물을 내기 위해서 필요한 인풋은 무엇일까요?

인풋이란, 자료를 작성하는 경우에는 원데이터, 제작물인 경우에는 부재료를 말합니다. 즉 성과물을 내는 데 필요한 재료인 셈이죠. 여태껏 해온 방식이나 자기 생각대로 인풋을 단정 짓고 업무를 진행해버리면, 마지막에 가서 호되게 당하는 수가 있습니다.

"그럼, 매출액 수치는 내부 회의 월보고 자료에서 가져오겠습니다."

업무를 받았을 때 이 한마디만 했더라면, 인풋에 대한 인식 차이를 막을 수 있었을 겁니다.

성과물의 이미지는 일치하는가?

앞에서 다룬 사례에서 상사는 '과거 6개월간의 월별 매출을 그래프로 작성하라'는 지시만 내렸습니다. 이것만으로는 성과물이 간단하게 엑셀로 그래프를 작성하는 것인지, 자료로서 파워포인트 내지는 워드로만 작성하는 것인지 알 수 없습니다. 이러한 모호함을 해소하기 위해서라도 구상도로 확인하는 작업이 필요합니다. 구두로만 설명하게 되면, 내용을 빠뜨리거나 전달하지 못하는 경우가 있으니 가급적 그림이나 표로 서로 맞추어보고 확인해야 합니다.

또한 성과물이 반드시 문서나 보고서인 것은 아닙니다.

- 데이터베이스에 이번 달 매출액 등록을 마친 상태
- 제1회의실에 프로젝터를 세팅하고, 작동되는지 확인까지 마친 상태
- 책상과 의자가 교실 형태로 배치된 상태

이처럼 상태도 성과물이 될 수 있습니다. 어쨌든 업무에 들어갈 때는 항상 구체적인 그림을 확인하는 것이 중요합니다.

진짜 고객은 누구인가? – 최종 보스를 확인하자!

진정한 고객, 이른바 성과물을 최종적으로 보는(사용하는) 상대는 누구인가?

바로 이 점을 염두에 두느냐에 따라 업무의 질이 크게 달라집니다. 저는 신입사원 연수에서 강의를 할 때 '최종 보스*'를 확인합시다!'라는 말을 자주 합니다. 그런데 당신에게 업무를 지시하는 상사가 꼭 진짜 고객이란 법은 없습니다. 앞의 사례에서는 경영회의에 참석하는 임원을 고객으로 볼 수 있겠죠. 사전에 진짜 고객을 확인해둔다면 '글자와 그래프 크기' 같은 데서 실수는 나오지 않을 것입니다.

'지금 앞에 있는 상대가 최종 보스인가?'

• 전쟁 게임이나 롤플레잉 게임 등에서 가장 마지막에 등장하는 최후의 적입니다. 모든 적을 물리쳤다고 방심하고 있을 때 최종 보스가 등장하는 패턴도 많습니다.

업무 지시가 내려왔을 때 스스로에게 물어보세요.

진행 방식을 제안한다!

1부터 4까지 확인했다면, 마지막으로 업무의 진행 방식을 제안
해봅시다. 기한과 단계, 이 두 가지를 확인합니다.

① 기한
- 두 시간 후.

② 단계
- 바로 경영기획부의 E 씨에게 매출액 자료를 공유해달라고 요청한다
- 15분 후 파워포인트 초안(그래프는 임시) 자료를 상사에게 보여준다
- 30분 후 경영기획부에서 자료를 받아 엑셀로 그래프를 작성한 후 파워포인트
  로 작업한다
- 한 시간 후 상사에게 확인받는다, 수정 사항이 있다면 남은 한 시간 동안 반영
  한다

이 다섯 가지는 1장에서 소개한 업무의 '다섯 가지 요소'입니

☑ 업무의 다섯 가지 요소

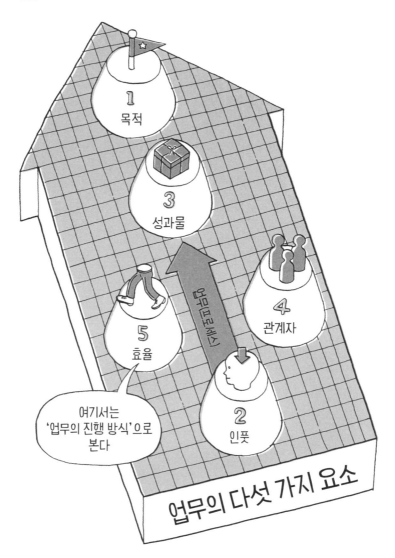

1 목적

3 성과물

업무프로세스

5 효율

4 관계자

2 인풋

여기서는
'업무의 진행 방식'으로
본다

업무의 다섯 가지 요소

다. 부하 직원, 상사 모두 이 다섯 가지 요소를 의식하고 처음부터 제대로 확인하는 절차를 밟는다면 서로 간에 인식의 차이는 발생하지 않을 것입니다.

물론 상황과 시간 관계상 다섯 가지를 처음부터 모두 확인할 수 없는 경우도 많습니다. 더욱이 실제로 업무를 진행해보지 않으면 알 수 없는 것들도 있게 마련입니다. 그렇기 때문에 다섯 가지 요소 중 확인되지 않은 항목을 미리 표시해두는 것이 좋습니다. 다섯 가지 요소가 무엇인지 알지만 확인하지 않은 채 두는 것과 모른 채로 밀어붙이는 것은 하늘과 땅 차이이니까요.

예전에 있었던 이야기를 하자면, 제가 다니던 직장에 계약직 사원이 한 명 있었습니다. 아직 어린 자녀가 있던 그 직원은 제가 업무 지시를 내리면, 곧바로 다섯 가지 요소를 확인해왔습니다.

"인풋은 무엇입니까?"

"……그러니까, 이것이 외부 거래처를 대상으로 하는 자료라는 말씀이죠?"

"자료는 이런 형태면 될까요?"

이런 식이었습니다. 그러고는 그 자리에서 바로 업무 진행 순서를 종이에 적었습니다.

하루는 그 직원에게 물어보았습니다.

"그렇게 세심하게 업무 지시를 챙기는 이유가 뭐죠?"

"만약에 아이가 갑자기 열이라도 나면, 당장 아이에게 달려가야 하는데……. 그렇게 되면 누군가 곧바로 이어서 처리하게끔 해둬야 하니까요."

그렇습니다. 다섯 가지 요소를 확인하는 것은 업무의 속인화(기업에서 어떤 업무를 특정인이 담당하고, 그 사람밖에 방법을 모르는 상태가 되는 것을 의미하는 표현 – 옮긴이)에서 벗어나는 데도 효과가 있습니다.

만약 이 부분이 철저히 지켜진다면, 상사와 부하 직원 사이의 '보·연·상'도 완벽하게 실행될 것입니다. 또한 '경험과 감각으로 업무를 진행하는(감에 의존하는)' 상태에서 벗어나는 이점도 있습니다. '보·연·상'에 대해서는 다음 장에서 자세히 다루도록 하겠습니다.

새로운 근무 형태에 적응하기 위해서라도

저는 신입사원 시절, 상사에게 '1주일 걸려서 100점을 맞는 것보다 하루에 30점씩 받는 걸 목표로 삼으라'는 말을 귀에 딱지가 앉도록 들었습니다. 다시 말해 '업무 지시를 받으면 다섯 가지 요소를 확인하여 핵심을 파악한다' '제대로 보·연·상 한다' 이 두 가지를 매일 철저히 실천하라는 것이었습니다. 상사와 부하 직원 모두 안심하고 업무를 진행할 수 있는 시스템이죠.

또한 재택근무처럼 업무 상대가 눈앞에 없는 경우에도 아주 유용합니다. 처음에 성과물의 이미지를 맞추고 나서 보·연·상의 포인트와 타이밍을 조율합니다. 이것만 정해 두면 서로 안심하고 일을 진행할 수 있습니다. 상대의 근무지가 집이든, 해외든 상관없이 업무는 문제없이 돌아갑니다.

"우리 회사는 재택근무가 익숙하지 않기 때문입니다."

"부하 직원이 가까이 없으면 불안해서요……."

당신의 상사(혹은 당신 자신)는 이런 이유로 새로운 근무 형태를 거부하고 있지는 않나요? 아예 외면하고 있는 건 아닌가요? 업무 방식의 변화 없이는 미래지향적인 사회는 그저 그림의 떡에 불과합니다!

보고 · 연락 · 상의가
되지 않는다

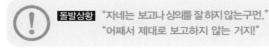
신입사원이 상사에게 자주 듣는 말입니다. 저는 젊은 사원들을 대상으로 자주 강의를 하는데, 어떤 기업이든지 다들 보·연·상을 어려워하더군요.

"제가 보기에는 이 정도면 된 것 같은데, 팀장님은 아니라고 하세요……."

이런 이야기를 자주 듣습니다. 하기는 저도 신입사원 때는 상사에게 야단을 자주 맞고, 몰래 눈물을 흘리기도 했으니까요. 잘될 것 같으면서도 좀처럼 뜻대로 안 되는 것이 보고·연락·상의(보·연·상)입니다.

어째서 상사에게 "보·연·상이 되지 않는다"는 말을 듣게 되는 것일까요? 부하 직원의 전달 기술이 부족해서일까요? 이 때문만은 아닐 겁니다. 크게 세 가지로 생각해볼 수 있는데, 부하 직원의 기술 부족, 상사의 기술 부족, 그리고 규칙과 기회의 문제입니다.

☑ 보·연·상이 되지 않는 원인

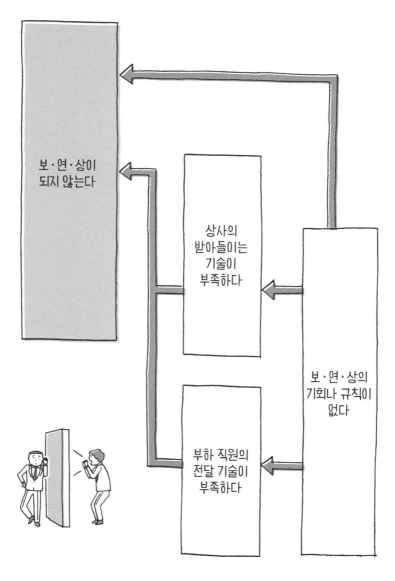

보·연·상이
되지 않는다

상사의
받아들이는
기술이
부족하다

보·연·상의
기회나 규칙이
없다

부하 직원의
전달 기술이
부족하다

부하 직원의 전달 기술이 부족하다

'보·연·상이 되지 않는다'

이 문장에는 두 가지 의미가 담겨 있습니다.

- 보·연·상의 방법이 없다
- 보·연·상을 하지 않는다

먼저, 전자부터 살펴봅시다.

① 도대체 보고인지, 연락인지, 상의인지가 불분명하다

제가 신입사원 연수에서 강의를 할 때, 많이들 어려워하는 것이 바로 이것이었습니다. 대체 자신이 상사에게 전달하려는 바가 '보고'인지 '연락'인지 '상의'인지 구분하지 못하더군요.

나쁜 예

부하 직원 : "F 과장님, 지금 데이터를 집계하고 있는데요, 같은
거래처의 이름이 여러 군데 나옵니다. 그래서……."

F 과장 :   "어? 그게 무슨 소리지? 데이터 집계라니, 느닷없

이 무슨 얘기야. 나한테 하고 싶은 얘기가 뭔가?"

부하 직원 : "그래서, 곤란하게 됐습니다. 경리부 담당자에게 물어봤더니 자기네도 모른다고 딱 잘라 말하더라고요……. 아무래도 신규 거래처 계좌 개설은 경영기획부 담당인 것 같습니다. 시간이 좀 걸린다는데, 정말 번거롭네요."

F 과장 :   "지금 뭐하는 거지? 자네는 상의를 하는 건가? 아니면 하소연을 하고 싶은 건가? 그것도 아니면 뭐지……?"

어떻습니까? 매일 상사와 부하 직원 사이에 이런 식의 대화가 오가는지 확인해보세요. 그렇다면 이렇게 해보면 어떨까요.

좋은 예

부하 직원 : "F 과장님, 오늘 아침에 말씀하신 매출 데이터 집계 관련해서 한 가지 상의드릴 것이 있습니다. 사실은……."

부하 직원 : "신규 거래처 계좌 개설에 대해서 보고 드립니다. 담당 부서는 경리부가 아니라 실은 경영기획부라고 합니다. 그래서……."

이렇게 시작한다면 상사는 자신에게 무엇을 요구하는지 처음부

57

터 이해할 수 있고, 부하 직원의 이야기에 귀를 기울이게 됩니다.

이외에도 보·연·상을 할 때 핵심 사항이 네 가지 더 있습니다.

① 소요 시간을 알리고, 상대의 상황을 확인한다

② 우선 '보고' '연락' '상의' 셋 중 어느 것인지 밝힌다

③ 결론을 전달한다

④ 논점을 순서대로 나타낸다(넘버링)

"F 과장님, 지금 5분 정도 시간 괜찮으세요? 조기 결산 프로젝트 진행 방법에 대해서 두 가지 상의 좀 드리려고요. 개시 일정과 회의 장소에 관한 것입니다. 먼저 일정 말인데요, 아무래도 연기해야 할 것 같습니다. 그 이유는……."

바쁜 직장에서 서로 짜증 내지 않고 일할 수 있도록 전달 방법을 고민하는 것입니다.

② 보·연·상의 부적절한 타이밍

보·연·상에는 타이밍도 중요합니다. 타이밍이 늦으면 상사 입장에서는 부하 직원이 '보·연·상을 하지 않는다'고 보이고, 반대로 너무 잦으면 "그렇게 시시콜콜한 것까지 일일이 보고할 것 없

☑ 보·연·상의 타이밍을 처음에 조율한다

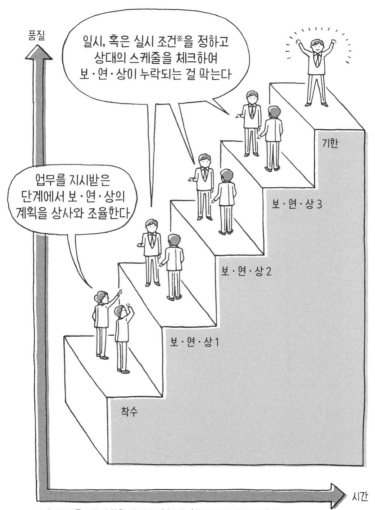

※ '데이터를 모두 수집한 단계에서' '자료 초안이 나온 단계에서' 등

잖아!"라고 성가셔합니다.

그렇다면 어떤 타이밍에 보·연·상을 하면 좋을까요? 적절한 보·연·상의 타이밍은 언제일까요?

대답은…… 안타깝게도 없습니다!

타이밍의 적절성은 상대방이 판단하기 때문입니다. 다시 말해, 상대에 따라 다르다는 뜻입니다.

"제가 보기에는 이 정도면 된 것 같은데, 팀장님은 아니라고 하세요……."

이런 고민이 끊이지 않는 이유는 바로 여기에 있습니다.

그럼 어떻게 하면 좋을까요?

업무를 받았을 때(혹은 부하 직원에게 업무를 지시했을 때) 상대방과 이후의 보·연·상 타이밍을 조율하면 됩니다.

보·연·상을 하는 시기, 혹은 실시 조건('데이터를 모두 수집한 단계에서' '자료 초안이 나온 단계에서' 등)을 정해두면 좋습니다. 어떻게든 처음에 상대와 조율해두면, 보·연·상의 타이밍에 관한 인식 차이는 막을 수 있으니까요.

보·연·상의 타이밍을 전부 계획하는 게 어렵다면, 최소한 '다음번 보·연·상의 시점'만이라도 조율해두는 게 좋습니다.

가능하다면 그 자리에서 바로 스케줄을 스마트폰에 저장해둡시다. 이 정도면 서로 보·연·상의 타이밍을 잊을 일은 없겠죠.

상사의 받아들이는 기술이 부족하다

부하 직원의 전달 기술보다도 오히려 더 걱정되는 것이 바로 상사가 받아들이는 기술입니다.

단언하건대 베테랑 직원보다도 요즘 젊은 사원들의 전달 기술이 더 뛰어납니다. 이들은 입사할 때(혹은 학창 시절)부터 전달 교육을 받고, 이미 그 기술에 익숙하기 때문입니다. 반면, 대다수 중견급 이상의 직원들은 안타깝게도 그러한 교육을 받지 못했습니다. 저 역시 마찬가지입니다. 1998년에 대학을 졸업하자마자 입사한 후 신입사원 연수에서 배운 것이라고는 비즈니스 매너와 인사 규정이 전부였습니다. 그러고는 곧바로 현장으로 내던져진 것입니다. 하지만 지금의 신입사원은 '프레젠테이션'이나 '논리적 사고' 등 수준 높은 교육을 받고 있습니다. 이 차이는 상당히 크다고 할 수 있습니다.

그러다 보니 부하 직원이 아무리 열심히 보·연·상을 하려고 해도 선배나 상사가 알아듣지 못합니다. 참 난감한 경우죠(어떤 상사는 멋지게 프레젠테이션을 마친 부하 직원에게 "자네, 잘난 척하는 게 아주 건방져"라며 생트집을 잡기도 한다는군요).

그럼 상사는 어떻게 받아들이는 능력을 키우면 좋을까요?

항간에는 코칭 기술이나 퍼실리테이션(facilitation, 회의나 교육 때 참석자들이 좀 더 쉽게 소통할 수 있도록 도와주는 것 – 옮긴이) 기술 등이 주목받고 있지만, 왠지 어려워 보이고 시간도 필요합니다. 여기서는 다음 두 가지로 쉽게 접근해보겠습니다.

① 보·연·상의 네 가지 핵심을 상사도 염두에 두고 대처한다

58쪽에서 소개한 보·연·상의 네 가지 핵심은 보·연·상을 받는 입장에서도 명심해야 합니다. 예를 들어 당신이 부하 직원한테서 보·연·상을 받는다고 칩시다.

✗ "아, 상의? 바쁘니까 다음에⋯⋯."

○ "아, 상의? 5분 정도는 괜찮아." "2시 이후는 시간이 괜찮아." "몇 분 정도 걸릴까?"

✗ "그래서, 자네가 하고 싶은 말이 뭐야?"

○ "아, 업무 개혁 프로젝트 건 상의 말이군."
"보고? 상의? 먼저 이 중에 무엇인지 말해주겠나?"

✕ "아" "음" "(무반응)"

○ "그러니까, 기한을 하루 연장해달라는 말이군?" "결론을 처음부터 말해주겠나."

✕ "자네는 말이 너무 많아!"

○ "그러니까 핵심은 세 가지로군." "요점은 몇 가지인가? 우선 그것부터 정하도록 하지."

네 가지 핵심 내용이 무엇인지 부하 직원의 발언에서 확인해두면 보·연·상의 내용이 정리되어 상사는 제대로 받아들일 수 있고, 부하 직원도 전달 기술을 향상시킬 수 있습니다.

저와 친분이 있는 제조업 회사의 과장은 항상 부하 직원에게 끈질기게 물어봅니다.

"결론부터 말하게!"

"번호를 붙여주겠나. 핵심이 몇 가지야?"

노력한 보람이 있어서 신입사원도 2개월이 지나고 알아듣기 쉽게 보·연·상을 할 수 있게 되었습니다.

"보·연·상이라는 건 말이에요, 기술이 아니라 습관입니다. 그런데 이 습관이 조직에 뿌리내리려면 관리직이 끈기를 가지고 노력해야 합니다!"

과장의 이 이야기가 아주 인상 깊었습니다.

② 부하 직원의 발언을 복창한다 – '리re'＋감정 언어

'상대의 말을 반복한다.' 상대의 말을 제대로 알아듣기 위한 커뮤니케이션의 핵심으로 자주 언급되는 방법입니다. 하지만 그저 단순하게 상대의 말을 앵무새처럼 따라한다고 되는 게 아닙니다. 가령 당신이 상사(부장)에게 문제 처리에 대한 진행 사항을 보고한다고 칩시다.

당신 : "부장님, G 산업의 지불 문제와 관련해 진행 사항을 보고 드리겠습니다."

부장 : "지불 문제 처리 건 말인가?"

당신 : "네, 미지불 다섯 건 모두 수기로 지불을 마쳤습니다."

부장 : "지불을 끝냈다고?"

당신 : "네, 이어서 미지불 건이 발생한 원인을 조사하겠습니다. 아무래도 시스템 연결에 오류가 있었던 것 같습니다."

부장 : "연결 오류라……."

어떤가요? 이런 대화는 당신을 불안하게 만들 겁니다. 부장은 당신의 말을 듣고 있기는 하지만 뭐랄까 성의가 없어 보입니다.

그럼 어떻게 하면 좋을까요? 반복한 후에 한마디, 그러니까 감정을 표현하는 말을 덧붙여봅시다. 저는 이것을 '리re'+감정 언어라고 부릅니다. '리'는 되풀이한다는 '리피트repeat'의 're'로, 그 다음에 자신이나 상대의 감정을 나타내는 한마디를 덧붙입니다.

문제에 대해 보고를 받았다면

"지불 문제 처리 건 말인가? 고생했겠는데(상대의 감정을 나타내는 한마디)."

질문을 받았을 때

"아, 이 프로젝트의 배경이 궁금하다고? 좋은 질문이군(자신의 감정을 표현하는 한마디)!"

제안을 받을 때

"대안을 말해보겠다고? 좋지(자신의 감정을 나타내는 한마디)!"

이 한마디가 더해졌을 뿐인데, 상대는 안심하게 됩니다. '당신에게 보·연·상 하길 잘했다, 앞으로 더 열심히 해야지'라는 생각이 들 것입니다. 반대로 아무 말이 없거나, 무성의하거나, 그저 기계적으로 같은 말을 되풀이한다면 어떨까요······. 부하 직원이 보·연·상을 하지 않는다면 상사의 태도에서 원인을 찾아야 할 수도 있습니다.

참고로 '리re'+'감정 언어'는 어느 보험회사의 콜센터 고객 응대 매뉴얼로도 활용되고 있습니다. 이 방식을 도입하자 전화 응대에 대한 고객 만족도가 향상했다고 합니다.

그렇기는 하지만, 상사도 사람인지라 커뮤니케이션에 능한 사람이 있는가 하면 그렇지 않은 사람도 있습니다. 대화가 서툰 사람은 먼저 '리re'부터 시작해보세요. 그러니까 부하 직원의 말을 그대로 되풀이해보세요. 그것만 해도 부하 직원은 자신의 이야기가 받아들여졌다는 느낌을 받을 것입니다. 그러다 보면 머지않아 '뭐라도 한마디' 덧붙이고 싶어지겠죠.

보·연·상의 기회나 규칙이 없다

지금까지 상사나 부하 직원의 개인적인 역량 차원에서 살펴보았는데요, 여러분의 직장에서 보·연·상이 제대로 되지 않는다면, 이는 역량만의 문제는 아닐 겁니다. '기회'와 '규칙'에서 개선할 사항이 없는지 살펴봅시다.

① 상사가 너무 바빠서, 부하 직원이 말을 걸 기회가 없다

'보·연·상 하고 싶어도, 상사와 마주칠 기회가 없다…….'
'상사가 너무 바빠서, 말을 걸기가 망설여진다…….'

보·연·상이 제대로 되지 않는 이유 중 하나입니다. 그런데, 어느 날 갑자기 상사는 화를 냅니다. "왜 보·연·상이 없어!" 이런 상황이라면 업무의 품질은 물론 직장 분위기도 나빠지겠죠.

여기서 한 가지를 제안하자면, 보·연·상을 정규 업무 프로세스에 포함하는 겁니다.

- 주간 정례회의 의제에 보·연·상 시간을 포함한다
- 매주 화요일 아침 10시~11시는 보·연·상 시간으로 정한다

이렇게 하면 강제로 보·연·상을 실시할 수 있습니다. 개인의 마인드나 역량에만 의지하지 말고 조직적으로 보·연·상의 '기회'를 만드는 것이 중요합니다.

② 보·연·상의 형식이 없다

예를 들어, 업무 일지의 경우 지금까지는 자유로운 형식으로 부하 직원에게 맡겨두었다면, 이제는 다음과 같이 형식을 정해서 보고하도록 합니다.

- **이번 주 진행 보고**
- **상의 사항**
- **주지 사항**
- **상사나 다른 부서에 의뢰하고 싶은 것**
- **다음 주 예정**

이렇게 하면 보고가 누락되는 일도 없고, 상사와 부하 직원 모두 제대로 확인할 수 있습니다.

구두로 하는 보·연·상의 경우도 형식을 정해두면 좋습니다. 또한 보·연·상의 전달 방법 네 가지 핵심도 조직 내규로 정합니다.

예전에 일했던 곳에서는 외국계 컨설팅 회사 출신의 경력 사원들이 많았습니다. 그 사람들은 바쁜 상사를 불러 세우는 것이 주 특기였어요. 자세히 관찰해보니 말을 거는 방법이 정형화되어 있었습니다.

"죄송합니다. ○○ 건에 대해 논의드릴 게 있습니다. 두 가지고요. 3분 정도면 됩니다."

이런 식이었습니다. 역시나 "보·연·상의 규칙을 이전 직장에서 철저히 익힌 덕분"이라고 했습니다. 규칙이 존재했기 때문에 보·연·상 기술이 훈련된 것입니다.

보·연·상이 원활하지 않았다면 표준화하는 겁니다. 그것이 업무의 품질 향상과 효율화로 가는 지름길입니다.

쓸모없는 회의가 많다

"이런저런 회의나 미팅이 너무 많아."

"항상 질질 끌다 보니 제시간에 끝난 적이 없어."

"했다 하면 세 시간이니, 이제 회의라면 지긋지긋하다고······."

"말이 회의지, 부장의 독무대잖아. 졸음을 참는 것도 여간 힘든 게 아니야."

"그래서, 뭐가 정해진 거야?"

"내가 그 회의에 갈 필요가 있나······."

여러분의 직장도 이 중 하나에 해당하지는 않나요? 아니, 전부 다라고요? 정말 안됐군요.

NTT 데이터 경영 연구소의 조사에 따르면 회사에서 회의나 미팅이 차지하는 비율은 15.4퍼센트에 달합니다. 세상에, 한 사람당 회의로 하루 1.4시간이나 소모하고 있다는 말인데요, 이 정도면 상당한 시간입니다.

회의가 많으면 많을수록 그만큼 업무를 할 시간도, 커뮤니케이션할 시간도 줄어듭니다. 그러다 보니 매일이 야근의 연속입니다. 좋을 게 하나도 없죠!

그래서 이번 장에서는 '쓸모없는 회의'에 대해 다루겠습니다.

쓸모없는 회의를 구성하는 다섯 가지 요소

쓸모없는 회의. 그리고 회의의 무용함.

조직의 모든 악의 근원이 회의라고 해도 무방할 것입니다. 다들 직감으로 그렇게 느끼고 있지만 구체적으로 어떻게 나쁜지 지적하기는 쉽지 않고, 어디서부터 손대야 할지도 막막하기만 합니다. 그렇게 사람들은 오늘도 쓸모없는 회의에 질질 끌려다니고 있습니다.

쓸모없는 회의를 둘러싼 내용(원인과 영향)은 다음 쪽에 그림으로 정리했습니다.

먼저 원인을 살펴보겠습니다.

① 회의 방식이 없다

회의의 진행 방식을 보면 참 안타깝습니다. 예를 들면…….

- 회의 목적이 불투명하다
- 시간을 체크하는 사람이 없다(그래서 시간 내에 끝나지 않는다)
- 진행자가 제 역할을 못한다
- 몇 사람만이 의견을 말한다
- 이야기가 샛길로 빠진다

✅ 쓸모없는 회의는 이제 그만!

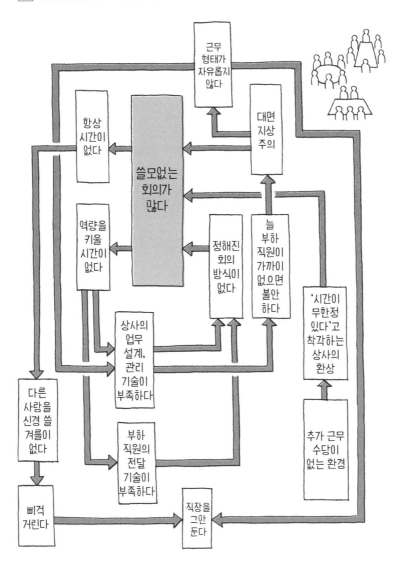

- 지금 무슨 이야기를 하고 있는지 불분명하다

- 결론을 알 수 없다

- '그래서, 이제 어떻게 하면 좋을까?'

이래서는 모처럼의 회의도 소용이 없겠죠. 회의 규칙이나 프레임워크(틀)를 정해놓고 정확한 의사 진행과 시간을 관리하는 것이 중요합니다.

② 상사의 업무 설계, 관리 기술이 부족하다

①은 회의의 운영 방법에 대한 문제인 반면, ②는 회의를 실시하기 전, 즉 사전 절차에 대한 이야기입니다. 이것이 제대로 되는지의 여부가 회의의 효율과 품질을 결정합니다. 핵심은 '회의의 필요성 판단'과 '회의의 절차' 이 두 가지입니다.

회의의 필요성 판단

- 과연 의사 결정이나 커뮤니케이션의 수단으로 회의를 하는 것이 맞나?

- 쓸모없는 회의는 아닌가? 회의의 목적이 있는가?

회의의 절차

- 목적의 설정(대체 무엇을 하기 위한 회의인가?)

- 의제와 성과물의 설정(이 회의에서 무엇을 얻으려 하는가?)

- 일정이나 시간대 설정

- 참석자 선정, 역할 분담

- 사전 정보의 제공(회의 당일에 원활하게 흘러가도록)

- 회의 소집 방법(안내 메일 쓰는 법)

③ 부하 직원의 전달 기술이 부족하다

참석자의 프레젠테이션 기술도 회의의 효율과 품질을 크게 좌우합니다.

- 무슨 이야기를 하는지 알 수 없다

- 무엇을 말하고 싶은지 알 수 없다

- 장황하다

- 이야기가 샛길로 빠진다

이런 경우는 늘 시간이 모자라며 잘못 이해하는 일도 많고 다시 작업하는 일도 빈번해져 효율성이 떨어집니다. 간결하게 말하는 기술은 발표 때는 물론이거니와 질문, 반론, 의견 등 회의석상의 여러 커뮤니케이션에도 중요합니다. 또한 상사는 부하 직원의 발언을 제대로 알아듣고 정리해줘야 합니다(앞서 3장에서 살펴보았습니다).

④ 대면 지상주의

업무 설계나 관리 능력이 부족한 상사는 대개 부하 직원에게 업무를 지시하고, 보고를 받고, 진행 상황을 관리하는 것 어느 하나 제대로 되지 않습니다. 그냥 닥치는 대로 해버립니다.

주먹구구식이기 때문에 항상 부하 직원이 가까이 있지 않으면 불안해서 견딜 수 없습니다.

'우선, 회의부터 해보자.'
'무슨 일이 있으면 바로 물어볼 수 있도록, 일단은 늘 부하 직원을 곁에 두자.'

이렇게 쓸모없는 회의나 돌발적인 미팅은 점점 늘어납니다. 게다가 대면 지상주의가 만연하게 됩니다.

이런 직장에서는 자유로운 근무 형태가 발전할 리 없죠. 프리어드레스(free address, 사무실 등에서 고정 좌석을 없애고 비어 있는 자리에 마음대로 앉아서 업무를 보게 하는 형태 – 옮긴이) 같은 건 어림도 없습니다. 부하 직원이 가까이 없으면 상사는 좌불안석이니까요. 하물며 재택근무는 꿈도 꿀 수 없죠. 멀리 떨어져 있는 부하 직원을 믿을 수 없을 테니까요.

　이렇게 구태의연한 근무 형태가 지속되는 한, 부하 직원들은 이내 소진됩니다. 더군다나 간병이나 육아와 일을 병행할 수 없는 경우는 제아무리 능력이 뛰어난 직원도 그만둘 수밖에 없습니다.

　하나 덧붙이자면, 대면 지상주의는 긴밀한 커뮤니케이션이 가능하다는 이점이 있는 한편, 개개인의 커뮤니케이션 능력을 저하시킬 위험성도 있습니다. 항상 얼굴을 맞대고 있다 보니 말로 하지 않아도 서로 통하게 됩니다. 그러니까 상세하게 업무를 설계하지 않고, 주의 깊게 전달하지 않아도 무방한 환경이 되어버리는 겁니다. 말하지 않아도 서로 척척 맞는 호흡만 믿고 일하는 셈이죠. 갈라파고스섬에 오신 걸 환영합니다! 이 섬에 있는 한 마음 놓고 일할 수 있겠군요.

　하지만 이래서는 상사의 업무 설계 및 관리 기술도, 부하 직원의 전달 기술도 향상될 수 없습니다. 도리어 ②, ③의 원인이 되고 맙니다.

　부하 직원이 눈앞에 없으면 불안해서 쩔쩔매는 상사가 만약 조직이 글로벌해진다면 그때는 무슨 핑계를 댈 수 있을까요? 상사는 프랑스에 있고 부하 직원은 타이완에 있다면 어떡하죠? 안타깝게도 이제 갈라파고스섬 안에서 모든 일이 해결되는 시대는 끝났습니다.

⑤ '시간이 무한정 있다'고 착각하는 상사

재량노동 등 추가 근무를 할 수 없는 직장(혹은 추가 근무 신청이 힘든 분위기의 직장)이나 관리 업무가 주가 되는 조직에서 흔히 보이는 현상입니다. 부하 직원에게 아무리 일을 시켜도, 인건비는 변함이 없기 때문에 상사는 비용 개념이 점점 희박해집니다. 그 결과 상사는 시간이 무한정 있는 것처럼 '자기 편한' 대로만 생각해서 무턱대고 회의를 잡아버립니다. 당연히 부하 직원의 의욕은 물론 회의 생산성도 떨어지겠죠……. 업무 개선에 조금도 도움이 되지 않습니다.

'회의의 효용성'을 높이는 네 가지 대책

그렇기는 해도 회의를 완전히 없애는 것은 불가능합니다. 모두 없앴다가는 오히려 곤란해집니다. 회의에는 의사 결정이나 커뮤니케이션의 수단으로서 역할이 있으니까요.

중요한 것은 '회의를 어떻게 바라볼 것인가?'입니다. 바로 다음의 두 가지 측면을 고려해야 합니다.

① 회의의 횟수 자체를 줄인다 → 쓸모없는 회의를 줄인다

② 회의의 가치와 효율을 높인다 → 회의의 효용성을 높인다

지금부터 회의 전과 회의 중에 필요한 네 가지 대책을 살펴보겠습니다. 이 네 가지 대책에 ① ②를 대입한 것이 오른쪽 그림입니다.

늘 ① ②를 염두에 두고, 되도록 회의 횟수를 줄이며 짧은 시간 안에 실질적인 아웃풋을 낸다면 여기서부터 직장의 여러 가지 문제가 해결됩니다.

1. 이 회의는 무엇 때문에 하는 것인가?

- 우선 목적(종류)과 아웃풋을 확인하자

여러분이 주최자라면 무엇보다 먼저 이 회의의 목적은 무엇이고 어떤 아웃풋을 기대하는지 확인해야 합니다.

'목적의 확인'이 중요합니다. '그런 목적이라면 굳이 회의가 아니더라도 메일로 충분하지 않은가?'라는 생각이 들 수도 있기 때문에, 반드시 회의를 해야만 하는지 냉정하게 판단해야 합니다. 이를 통해 '쓸모없는 회의'를 줄일 수 있습니다.

그다음, 회의의 목적을 정합니다. 여기서부터는 '회의의 효용성을 높이는' 방법입니다. '무언가를 정하는 회의인가?' '일방적

✅ 회의 전과 회의 중에 필요한 네 가지 대책안

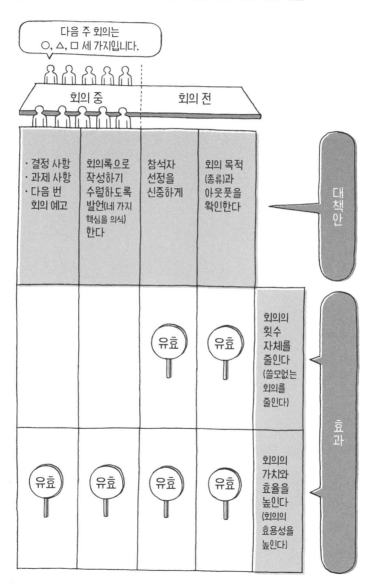

인 통보를 하는 자리인가?' '아이디어를 내기 위한 자리인가?' 목
적에 따라서 요구하는 아웃풋도 달라집니다.

회의의 종류는 크게 다음의 다섯 가지로, 이 중 어떤 것인지
'선택'해야 합니다.

① **의사 결정**

② **보고**

③ **연락**

④ **정보 공유**

⑤ **의견 조사, 아이디어 제안, 브레인스토밍**

회의의 종류와 아웃풋을 설정했다면, 이번에는 의제(어젠다)를
정할 차례입니다. 의제란 아웃풋을 얻기 위한 과정으로 기대했던
아웃풋을 얻기 위해서 어떤 의제가 필요하고, 어떤 구조가 효과
적인지 고민해서 설계합니다. 의제를 정하지 않은 채 '사람부터
모으는 것'은 NG입니다!

2. 내가 회의에 참석할 필요가 있나?

- 참석자 선정도 신중하게

다음은 참석자 선정입니다. '이 사안과 조금이라도 관련 있는

사람은 모조리 불러 모았습니다'라는 것 또한 NG입니다(계속 이런 식으로 반복되면, 다음부터는 정말로 와야 하는 사람이 오지 않는 상황이 생길 수 있습니다).

다시 목적과 아웃풋으로 돌아가보겠습니다.

- 그 목적을 달성하려면, 아웃풋을 얻으려면, 누구한테서 어떤 의견을 받고 싶은가?
- 누구와 어떤 논의를 하고 싶은가?
- 누가 어떤 판단을 내려주기를 바라는가?

철저히 따져보고, 필요한 참석자를 압축합니다.

회의의 주최자와 참석자의 관계는 TV 프로그램이라고 치면 프로듀서와 출연자의 관계와 비슷합니다. 주최자인 당신은 프로듀서입니다. 회의라는 프로그램에서 어떤 목적을 달성할 것인지, 어떤 결론을 도출하고 싶은지, 스토리를 고민합니다. 그리고 그 스토리에 맞는 출연자를 선택합니다. 당연히 역할이 없는 출연자는 프로그램에 나오지 않습니다. 마찬가지로 회의에서도 불필요한 사람은 부르지 않도록 배려해야 합니다.

참석자를 선정한 후 회의를 소집합니다. 주로 메일로 연락하되, 메일 제목이나 본문에 회의 종류와 목적, 의제, 기대하는 아웃풋을 분명히 밝히고 참석해주었으면 하는 사람에게 보냅니다.

목적, 의제, 기대하는 아웃풋이 명확하면 회의 소집 연락을 받은 사람은 자신의 참석 여부를 정확히 판단할 수 있겠죠. 그렇게 했을 때 '나는 적임자가 아니니 참석하지 않겠습니다'(=참석 요청을 받은 사람에게 '쓸모없는 회의') '그 의제라면 전문 지식을 갖춘 외주업체 사람과 함께 참석하겠습니다' 등 적극적인 대답이 돌아옵니다. 더 적절한 사람을 선정할 수 있게 되죠. 즉 '회의의 효용성'이 향상되는 것입니다.

3. 회의록 작성에 용이하게 발언한다

이제 드디어 회의에 들어갑니다. 주최자, 참석자 모두가 알아듣기 쉽고 잘 전달되도록 발언에 신경 씁니다. 프레젠테이션이 거창할 필요는 없습니다. 3장에서 이야기했던 보·연·상의 네 가지 핵심 전달 방법만 준수해도 회의는 원활하게 돌아갑니다.

① 소요 시간을 알리고 상대의 상황을 확인한다

② 우선 '보고' '연락' '상의' 셋 중 어느 것인지 밝힌다'

● 이것에 덧붙여 회의에서는 당신이 발언하려는 것의 종류('제안' '의견' '보충' '참고 사항' '질문' '반대' '찬성' 등)를 처음부터 밝히는 것이 좋겠죠. '제안할 것이 있습니다' '반대 의견을 말씀드리겠습니다' '참고하시라고……' 등입니다.

③ 결론을 전달한다

④ 논점을 순서대로 나타낸다(넘버링)

회의에서 나쁜 발언과 좋은 발언의 예를 살펴봅시다.

나쁜 발언

부장 : "허허, 좋은 제안이네. 재미있군, 재미있어. 음…… 그런데
　　　　 예산이 좀 부족한데. 그리고 스케줄도 무리가 있는 것 같
　　　　 지 않아? 어떤 것 같은가? 그래도 재미있어 보이는군."

어떤가요, 모호하지 않나요? 승인은 아닌 것 같은데, 그렇다고
반려도 아닙니다. 이 발언을 들은 제안자는 대체 어떻게 하면 좋
을까요?

반면, 다음과 같이 이야기한다면 어떨까요.

좋은 발언

부장 : "미안한데, 이 제안은 받아들일 수가 없군. 재미있기는
　　　　 한데 말이야. 그 이유는 두 가지야. 첫째는 예산이 부족
　　　　 하다는 거고, 둘째는 스케줄 면에서 무리가 있어 보여."

이 정도면 명확하죠. YES와 NO가 확실하고 근거도 이해하기 쉽습니다.

'회의에서 발언할 때, 회의록 작성에 용이한가?'

이 점을 의식하는 것이 좋습니다. 회의록을 작성해봤다면 공감할 텐데요, 모호한 발언은 회의록 작성자를 정말로 곤혹스럽게 합니다.

'그래서, 부장은 결국 그 제안에 대해서 어떻게 판단하는 거지? "어떻게 할까?"라고 했으니까 부결인가. 아, 하지만 마지막에 또 "재미있어 보이는군"이라고 했으니까 다시 해보라는 것인가? ……음, 도통 무슨 말인지 정리를 할 수 없잖아.'

회의록 작성에 용이하다는 말은 회의 참석자의 발언이 이해하기 쉽고, 또 결론이 명확하다는 뜻입니다. 그랬을 때 회의록 담당자의 수고도 덜고, 잘못 기록하는 실수도 방지할 수 있습니다. 또 참석자는 완성된 회의록을 기다리지 않고도 바로 다음 행동을 취할 수 있습니다. 발언 방법 하나로도, 참석자 전원의 이후 시간의 활용에 영향을 줄 수 있으니, '알아듣기 쉽게 발언하는 것'은 기술이 아니라 타인에 대한 배려와 매너입니다.

4. '결정 사항' '과제 사항' '다음 번 회의 예고'

'결정 사항' '과제 사항' '다음 번 회의 예고'의 세 가지 사항을 마지막에 반드시 확인합니다.

어떤 회의에서든 여러분이 먼저 시작하는 겁니다. 어려울 건 하나도 없습니다.

"그럼, 오늘 회의의 결정 사항을 확인해보겠습니다."

이 말이면 충분합니다. 간단하죠! 이 한마디면 주최자와 참석자들은 정해진 사항을 정리할 수 있습니다.

이어서 '과제 사항'을 확인합시다. 무엇을 해야만 하는가? 누가? 언제까지? 어떻게? 이에 대한 논의가 이어집니다.

마지막으로 "다음 번 회의 일정을 정합시다"하고 결정타를 날립니다. 다시 말해 다음 회의를 예고하는 것이죠. 이 회의에서 논의한 것을 대충 얼버무리지 않고, 다음 계획을 확실히 세울 수 있게 해줍니다.

건전한 조직이라면 마무리되지 않고 어물쩍 끝나는 회의에 불만을 가지게 마련입니다. 귀찮다는 이유로 누구 하나 팔을 걷어

붙이는 사람이 없는 겁니다. 그런데 의외로 이런 회의를 제대로 마무리하는 것은 그렇게 힘들지 않습니다.

회의록을 정형화하는 겁니다. 회의록의 형식을 잡고 '결정 사항' '과제 사항' '다음 번 회의 예고' 칸을 만들어두면 잊지 않고 확인하게 됩니다. 또 목적, 의제, 아웃풋, 참석자, 결론 등 회의를 결정할 때 정해야 할 항목도 포함시킨다면 회의 방식 자체가 표준화되고 효율성과 품질도 향상될 것입니다.

마인드를 바꾸려면 프로세스를 바꿔라

"그렇기는 한데 주최자의 마인드도, 참석자의 행동도 쉽게 바뀌지 않네요……."

이런 하소연이 들려옵니다.

이제 목적(종류)과 아웃풋을 확인한다는 건 알겠는데, 왠지 몸이 말을 듣지 않고 입이 떨어지지 않습니다. 그렇기 때문에 중요한 것이 바로 '프로세스 구축'입니다.

- 회의 소집 메일의 형식에 '목적' '아웃풋'이라는 칸을 만든다

☑ '업무의 다섯 가지 요소'에 따라 회의를 관리한다

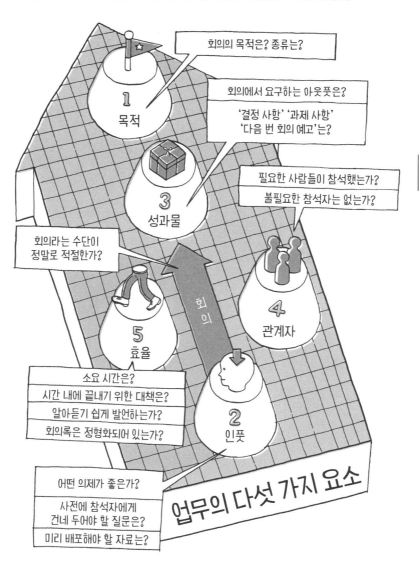

회의의 목적은? 종류는?

회의에서 요구하는 아웃풋은?

'결정 사항' '과제 사항'
'다음 번 회의 예고'는?

필요한 사람들이 참석했는가?
불필요한 참석자는 없는가?

회의라는 수단이
정말로 적절한가?

1
목적

3
성과물

5
효율

회
의

4
관계자

2
인풋

소요 시간은?
시간 내에 끝내기 위한 대책은?
알아듣기 쉽게 발언하는가?
회의록은 정형화되어 있는가?

어떤 의제가 좋은가?

사전에 참석자에게
건네 두어야 할 질문은?

미리 배포해야 할 자료는?

업무의 다섯 가지 요소

- 회의 시작 전에 화이트보드에 틀을 적어둔다
- 일정한 회의록 형식을 만들어둔다

이러한 '틀'을 준비하는 것 자체가 이미 프로세스 구축의 훌륭한 과정입니다.

틀을 만들어서 보여주기만 해도 "어, 이 회의의 목적이 뭐였지?" 하고 누군가는 간파하고 꼭 집어서 얘기하게 됩니다. 누락을 방지할 수 있죠. 머지않아 조직의 행동 습관으로 자리 잡게 됩니다. 이렇게 마인드는 조직의 프로세스나 규칙으로 점차 바뀔 수 있습니다.

회의 관리도 '업무의 다섯 가지 요소'에 해당한다

여기까지 읽고 나니 뭔가 감이 오지 않나요?

맞습니다. 회의의 관리는 '업무의 다섯 가지 요소'에 부합합니다. 다섯 가지 요소의 관점으로 지금 직장의 회의 형태나 방식을 점검해보세요.

회의란 어떤 사업의 목적을 달성하는 데 필요한 수단일 뿐입니다. 애초에 회의가 수단으로서 효과가 있는지를 포함하여 회의 평가나 운영 방법을 설계할 수 있는 '미팅 관리 기술'이 앞으로 비즈니스맨, 적어도 관리직에서 요구되는 역량입니다. 주먹구구식의 회의는 이제 그만해야 합니다! 제대로 된 회의 관리로 '쓸모없는 회의'를 줄이고 '회의의 효용성'을 높입시다.

거창하지 않지만, 직원의 만족도를 높이는 회의 아이디어

　정례 회의 일정을 잡는 방법에 따라서도 직원들의 의욕은 달라질 수 있습니다. 주식회사 라쿤은 소매업용 도매 인터넷 사이트와 서비스를 운영하는 회사입니다. 오가타 이사오 사장은 자신의 블로그를 통해 '비용을 들이지 않고 사원이 풍요로워지는 방법'에 대한 자사의 독특한 방법을 소개하고 있습니다.

▶정례 회의는 월요일, 금요일은 피한다

　정례 회의를 정할 때 월요일, 금요일은 반드시 피해야 한다.

　직원들이 유급 휴가를 쓰기 쉽게 하려는 의도다. 회사가 아무리 유급 휴가 사용을 권장해도 정례 회의가 월요일, 금요일이라면 주말을 붙여서 휴가를 쓰기가 어렵다.

　그런 이유로 월요일, 금요일에는 정례 회의를 잡지 않도록 한다. 일반적으로 직원들이 휴가를 많이 쓰고 싶어 하는 날은 월요일, 금요일이다. 주말을 붙여 쓰면 3일 연달아 쉬는 것도 가능하다. 실제로 연휴에는 사람이 많은 데다 비용도 비싸서 월요일과 금요일을 잘 활용한다면 여행 예산도 줄일 수 있고 예약도 잡기 쉽다. 최근에는 연휴에 해외로 나가는 직원도 적지 않은데, 돌아오는 비행기 날짜를 하루만 늦춰도 비용이 상당히 저렴해지기 때문이다.

직원의 사생활을 배려하는 것입니다. 이로써 직원의 충성심은 높아지고, 의욕이 높은 상태에서 회의에 참석하게 됩니다. 바로 이 점이 회의 관리의 핵심입니다.

업무 소요 시간을
예상할 수 없다

상사가 느닷없이 이런 질문을 할 경우 당신은 바로 소요 시간을 가늠해서 대답할 수 있습니까? 처음 하는 업무라면 몰라도 한두 번 해본 일이라면 즉각 대답하겠죠.

네? 즉답이 불가능하다고요? 그렇다면, 혹시 당신의 업무 방식에 문제가 있는 건 아닐까요. 그 상태로 방치해두었다가는 나중에 소속 팀원 모두가 불만을 터뜨릴지도 모릅니다.

소요 시간을 즉답할 수 없는 두 가지 배경

① 경험과 감각으로 업무를 진행한다(감에 의존한다)

주먹구구식으로 업무를 진행하고, 보·연·상도 대충대충, 소요 시간 따위는 따져본 적이 없죠. 그래서 질문을 받아도 대답할 수 없는 겁니다. 원래 사람에 따라 업무 방식도 소요 시간도 다른 법이지만…… 그 상태로 매일 일하다가는, 어떻게 될까요?

다들 자신의 경험과 감각만 믿고 업무를 진행하는 현상이 일상화되어 버립니다. 예전에 제 상사는 그 상태를 '감에 의존하는'

☑ 업무 소요 시간을 예상할 수 없는 원인과 환경

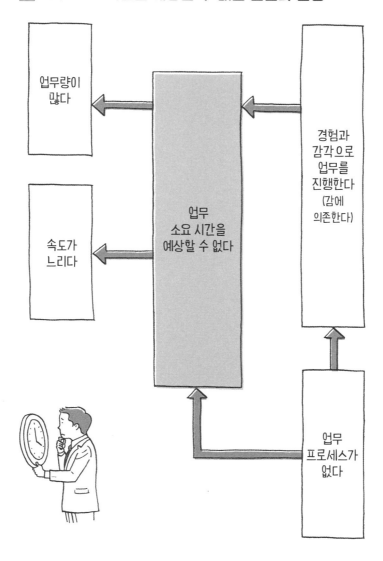

것이라 표현했습니다. 그럴싸하다고 감탄할 때가 아닙니다. 듣기에는 근사해 보이지만 조직으로서는 큰 골칫거리입니다.

- 당신이 쉬면 업무가 돌아가지 않는다
- 사람마다 업무 속도나 품질이 다르다
- 누구에게 물어봐야 할지 모른다
- 후임을 제대로 키울 수 없다

마치 조직의 질병들을 한데 모아놓은 백화점 같군요!

업무 소요 시간을 가늠할 수 없는 직장이라면 이런 질병들이 잠재해 있는 거겠죠. 이 병적인 상태에서 벗어나기 위해서라도 감에 의존하는 현상을 방치해서는 안 됩니다.

② 업무 프로세스가 없다

감에 의존하는 직장을 살펴보면 일의 방식, 그러니까 업무 프로세스가 없다(혹은 있어도 모호하다)는 점이 눈에 띕니다.

구체적인 예를 하나 들어보겠습니다. 한 어린이용 교재 판매 회사에서 있었던 이야기입니다(과거형입니다! 영업 부진으로 도산했습니다……). 그곳 영업사원의 업무는 담당 지역의 미래 고객들을 예상하여 그 고객의 집 우편함에 전단지를 넣은 후 연락을 취

☑ '감에 의존'하는 상태… 방치했다가는 큰일 난다!

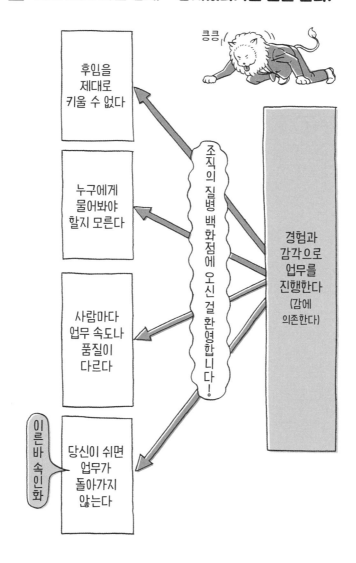

후임을 제대로 키울 수 없다

누구에게 물어봐야 할지 모른다

사람마다 업무 속도나 품질이 다르다

이른바 속인화

당신이 쉬면 업무가 돌아가지 않는다

조직의 질병 백화점에 오신 걸 환영합니다!

경험과 감각으로 업무를 진행한다 (감에 의존한다)

큿큿

해서 계약을 따오는 식이었습니다. 이 회사의 영업력은 영업사원의 열정과 근성에 의지하고 있어, 업무 방식이 제대로 정의되지 않았습니다. 그러다 보니 당연히 영업 방식도 담당자에 따라 제각각이었습니다. 어떤 사람은 각 가정을 개별 방문하고, 어떤 사람은 방문은 하지 않고 전화만 했습니다. 또 직접 학교 근처에서 작은 이벤트를 열어 아이들을 모아놓고 교재를 홍보한 사람도 있었습니다. 참, 매우 독특한 영업사원도 있었습니다. 전단지 배포도, 설명도 일절 없이 매일 고개를 숙인 채로 무턱대고 "안녕하십니까! 교재를 구입해주세요!"라는 말만 하면서 걸어 다니기만 하더군요. 그는 야구부 출신으로 근성만큼은 누구에게도 지지 않을 자신이 있다고 했습니다. 근성과 열정으로 그런 터무니없는 방식을 관철하고 있었던 것입니다. 이 회사는 극단적인 성과주의였거든요.

- 계약을 따내기만 하면 된다
- 그래서 영업 방식이 제각각이어도, 아무도 문제 삼지 않는다
- 애초에 다른 동료들이 어떻게 일하는지 관심 없고, 모두 자기 식대로 일하는 것에 만족하면서 자신의 업무 방식이 옳다고 확신한다
- 사람에 따라 영업 활동의 형식도 내용도 다르기 때문에 조직에 노하우가 쌓이지 않는다

☑️ 업무 프로세스 부재의 원인과 영향

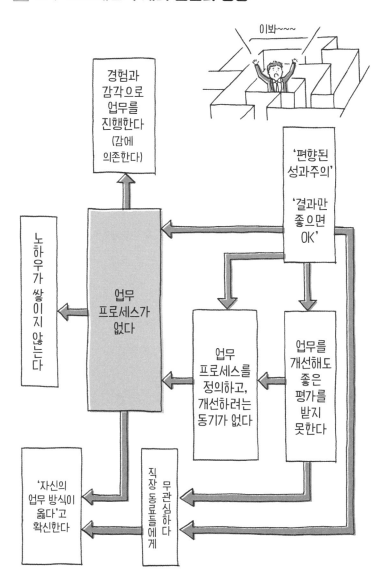

• 그래도 일단, 눈앞의 일은 돌아간다(그렇지 않은 사람은 멋대로 관둬버린다)

당연히 '공통의 업무 프로세스를 정의하자' '업무 방식을 개선하자' 등의 의욕적인 움직임이 일어날 리 없습니다. 그러한 것으로 평가를 받지 않기 때문에 프로세스를 만들 여유가 있다면, 한 건이라도 계약을 많이 따오라는 식입니다.

비극의 '3無' 연쇄 현상
- 공통의 프로세스 없음, 측정할 수 없음, 개선 방법이 없음

공통의 업무 프로세스가 없다는 것은, 다시 말해 일을 진행하기 위한 공통의 범위가 없다는 뜻입니다. 그래서 부하 직원은 상사에게 '업무 소요 시간을 따져보라'는 질문을 받으면 순간 머리가 멍해집니다. 어디를 어떻게 가늠하면 좋을지 감이 잡히지 않기 때문입니다. 범위를 파악하는 법도 사람마다 제각각일뿐더러, 애초에 그런 건 생각하지 못하는 사람도 있습니다.

"음, 내 업무는 어디가 시작점이고, 어디가 끝나는 지점이지?"

☑️ 업무 프로세스가 있는 풍경과 없는 풍경

업무 프로세스가 있는 풍경

공유하고 있는 공통의 '범위'

| 예상 고객 목록화 1 | 전단지 준비 2 | 전단지 배부 3 | 전화 연락 4 | 개별 방문 5 | | 계약 성립 8 |

체험 이벤트 권유 6 / 체험 이벤트에서 홍보 7

Ⓐ 미팅을 잡는 데 한 시간 걸렸습니다
Ⓑ 미팅을 잡는 데 네 시간이나 걸렸습니다
Ⓒ 미팅을 한 건도 잡지 못했습니다…

부하직원 / 부하직원 / 부하직원

A 씨의 방식을 팀에 적용해 본다면?

상사

업무를 측정하고, 비교하며, 개선할 수 있다!

업무 프로세스가 없는 풍경

흐리멍덩

일단 계약부터 성사시키세요! 아, 전단지 정도는 준비해주겠습니다.

부하직원 나는 이 방법으로

부하직원 전단지 같은 거 필요없어! 열정으로 팔아보자!

상사

부하직원 나는 누구를 따라하면 좋을까?

부하직원 내가 관두면 누가 이어서 하지?

어쨌든 파이팅이야~

누가, 어떤 활동에서 어느 정도의 시간이 걸리는지 측정할 수 없다면 비교도 불가능하겠죠. 이래서는 영업을 개선할 방법이 없습니다.

'정의할 수 없는 것은 관리할 수 없다. 관리할 수 없는 것은 측정할 수 없다. 측정할 수 없는 것은 개선할 수 없다.'

품질 관리의 권위자 에드워드 데밍Edwards Deming 박사가 했던 유명한 말입니다(그가 제창한 데밍 사이클=PDCA사이클은 이미 널리 알려져 있죠). 어찌 됐든 성과만을 중시하는 직장이지만 상세한 업무 매뉴얼은 없더라도, 적어도 공통의 '범위'는 명확히 정의해서 시간과 효율을 측정할 수 있도록 해야 합니다.

소요 시간을 예상할 수 없으면 어떻게 될까?

업무 소요 시간을 측정할 수도, 예상할 수도 없는 상태의 직장에서는 다음의 두 가지 증상이 쉽게 나타납니다.

① 업무량이 많다

상사는 부하 직원에게 일을 부탁하고 싶어 얼마나 시간이 드는지 알고 싶지만 부하 직원은 명확한 답을 해주지 않습니다. 이럴 때 상사는 어떻게 반응해야 할까요?

A : "어쩔 수 없지, 아슬아슬하지만 이번 주 안에 끝내는 것으로 할까?"

B : "우선 집중해서 해보게. 오늘 중으로 받고 싶은데."

부하 직원 입장에서 보면 당연히 A가 좋겠지만, 안타깝게도 세상일이 그렇게 호락호락하지 않죠. B의 경우가 많지 않을까요?

상황을 잘 모르니까 상사의 입장에서만 이야기가 진행된다. 일단 다들 열정과 근성으로 팔을 걷어붙이고 있으니, 이번에도 어떻게 되겠지. 이런 일이 반복되면서 상사는 점점 새로운 업무를 맡으면 부하 직원에게 떠넘기게 된다. 이런 상황은 무한 반복된다.

예전에 제가 드나들던 IT 운영 센터에서는 1년 내내, 현장의 관리자와 센터장 사이에 이런 공방이 있었습니다.

업무 소요 시간을 예상할 수 없다

관리자 : "어쨌든 일이 과부하 상태라 여유가 없습니다. 더 이상 업무가 늘어나서는 안 됩니다. 아니면 사람을 늘려주시던지요!"

센터장 : "과부하라고 하면 어느 정도죠? 건수나 소요 시간에 대해 알려주겠어요?"

관리자 : "……아무튼, 많습니다."

센터장 : "음, 이런 식이면 현장의 어려움을 위에다 보고할 수 없어요……."

결국 현장의 어려움은 전달되지 않습니다. 소요 시간이나 업무량을 정량적으로 나타낼 수 없기 때문입니다. 결과적으로 업무의 무한 증식을 자초하게 됩니다.

② 속도가 느리다

사람에 따라 업무 범위를 다르게 다룬다면, 수행 방식도 달라집니다. 그런 상태라면 다른 사람과 견주어서 업무의 효율과 속도를 비교할 수 없습니다. 비교 대상이 없다는 말이죠. 그러니까 '자신의 업무 효율성이 뛰어난지, 그렇지 않은지?' '속도가 빠른지, 느린지?'를 상대적으로 판단할 방법이 없습니다('우물 안 개구리' 꼴이네요). 팀원 중 누군가가 모처럼 훌륭한 노하우를 터득해도 다른

☑️ 우물 안 개구리와 업무 프로세스의 의외의 관계

사람들은 알 도리가 없습니다. 언제까지고 개개인의 업무 방식은 개선되지 않으니, 업무 효율성도 속도도 향상될 리 없죠.

우물 안 개구리는 공통의 업무 프로세스가 없는 상태만 확산시킬 뿐입니다.

'일회성 작업'과 '반복 작업'의
구분이 되어 있는가?

그렇다면 업무의 소요 시간을 가늠하려면 어떻게 해야 할까요?

우선 업무 프로세스를 설정할 필요가 있습니다. 다시 말해 공통의 '업무 범위'를 정의하는 것이죠. 공통의 범위가 없다면 그 업무의 시작과 끝이 확실하지 않기 때문에 소요 시간을 측정할 수 없습니다.

여기서 다시 '업무의 다섯 가지 요소' 그림이 등장합니다. 업무 하나하나의 범위를, 다섯 가지 요소에 따라 정의해보세요. 이 그림의 ②인풋이 ③성과물로 바뀔 때까지의 시간이 ⑤소요 시간입니다. 바로 이 ⑤를 측정하는 것입니다.

이때 업무가 '일회성 작업'인지 '반복 작업'인지에 따라 접근이 달라집니다.

☑ 업무의 다섯 가지 요소에 따라 소요 시간을 측정한다

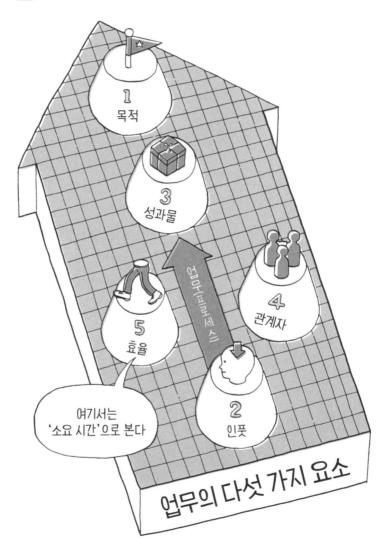

 안의 텍스트:
1 목적
3 성과물
4 관계자
5 효율
업무(프로세스)
여기서는 '소요 시간'으로 본다
2 인풋
업무의 다섯 가지 요소

'일회성 작업'인 경우(갑자기 지시받은 자료 작성 업무 등)

작업 소요 시간을 실적으로 기록합니다.

그리고 유사한 업무가 발생했을 때 다섯 가지 요소를 바탕으로 실적 소요 시간을 상대방에게 설명할 수 있게 해둡니다.

"예전에 이 인풋으로 이 성과물을 내는 데 세 시간 걸렸습니다"라는 식으로요.

'반복 작업'의 경우(일상 업무, 수속, 보고 업무 등)

작업자 전원의 소요 시간을 매회 기록하여 분석합니다. 그리고 표준 소요 시간이나 목표 소요 시간을 설정하거나, 뛰어난 사람의 방식을 팀 전체로 확대 적용하는 등 개선책으로 연결 짓습니다.

여기서 설정한 표준 소요 시간이나 목표 소요 시간은 '우리는 어떤 업무를 어떤 수준으로 노력해야 하는가?'를 나타내는, 팀의 지침이 되기도 됩니다(8장과 관련 있습니다).

'갑, 을, 병'으로 나타낼 수 있을까?

일회성 작업을 지시받은 경우 성과물의 선택지를 제시한다면 상대방이 당신을 달리 볼 것입니다. 예를 들어, 상사가 지난달 매출 데이터를 정리해오라는 지시를 했다고 합시다.

"국가별, 억 단위로 정리하면 한 시간, 지점 단위로는 두 시간이 걸립니다. 지점별, 원 단위는 두 시간 반이 소요되고요. 어떻게 정리할까요?"

이런 식으로 '갑, 을, 병' 선택지를 제안할 수 있다면 이상적이겠죠.

갑, 을, 병을 제시하는 것은 상대방뿐 아니라 업무를 처리하는 당사자에게도 편리합니다.

상대의 장점 : 성과물의 그림을 그리기 쉽고, 판단 시간도 절약할 수 있다.

업무 담당자의 장점 : 업무 효율이 높다(이미 정형화된 작업을 소화하기만 하면 된다)

눈치가 빠른 상사는 갑, 을, 병의 세 가지 안을 제안해보라고 할 겁니다. 당신이 상사라면 부하 직원에게 선택지를 고민해보라고 하세요. 업무의 효율화로 이어질 것입니다.

선택지의 제안 여부는 언뜻 보기에 개인의 역량 문제라고 생각하기 쉽지만, 이것이야말로 조직의 업무 프로세스가 존재해야 가능한 일입니다. 업무 프로세스가 제대로 정의되어 있고, 효율과 속도를 측정할 수 있으며, 과거의 업무가 지식화되어 있을 때 비로소 가능하기 때문입니다. 그러니 팀 전체가 노력해야 합니다.

업무를 지시받을 때마다 매번 처음부터 고민한다면 절대 추가 근무에서 벗어날 수 없습니다!

공항버스의 아이디어 – 측정이 신뢰를 만든다

☑ 이전 소요 시간 30분

　도쿄 시나가와 구의 JR 오이마치 역. 역 앞에는 커다란 로터리가 있고, 여러 목적지로 출발하는 버스들이 있습니다. 하네다 공항행 리무진 버스도 그중 하나입니다. 정류장의 안내 표시가 센스가 넘치는데, 바로 이전 버스의 소요 운행 시간을 LED로 알려주고 있습니다. 이걸 보고 손님은 버스를 탈지, 철도를 이용할지 쉽게 판단할 수 있습니다.

버스는 시간이 위험 요소가 되기 쉽지만, 실적을 측정해서 알려줌으로써 손님들이 안심하고 선택할 수 있도록 아이디어를 고안해낸 것입니다.

매뉴얼이 없다

"그 업무는 H 씨가 아니면 모르는데요……."

"자네가 쉬면 업무가 마비되어 버리니까 늦게라도 회사에 와 주게!"

"아, 좋습니다. 제가 하는 편이 빠르니까, 그 업무는 제가 전부 맡겠습니다."

업무의 속인화. 자칫하면 '블랙 기업' '블랙 직장'을 만드는 원인이 될 수도 있는 이 현상은 많든 적든 어느 직장에서나 존재하는 우리 사회(혹은 전 세계?)의 공통 문제라고 해도 과언이 아닙니다.

속인화는 없앨 수 없다, 사람이니까

결론부터 말하자면 속인화는 없앨 수 없습니다. 혹시 업무를 완전히 기계가 대체한다면 가능할지도 모르겠네요. 그렇더라도 기계로는 할 수 없는 변칙적인 처리의 경우에는 사람의 손을 조금은 거쳐야 할 겁니다. 사람의 손을 거쳐야 하는 이상 속인화를 막을 방도는 없습니다. 일을 하는 건 사람이니까 당연한 말이겠죠.

그러니 '속인화를 없애자'라는 엉뚱한 발상은 그만둡시다. 지구상에서 지진과 태풍을 없애자는 것만큼이나 무모한 소리니까

☑ 없어지지 않으니까
'잘 적응할 수 있는 방법'을 고민하는 것이다!

요. 절대로 없어지지 않을 테니, 가능한 한 잘 적응할 수 있는 방법을 고민해봅시다! 적극적이면서, 동시에 현실적으로……

그전에 속인화가 발생하는 메커니즘을 살펴봅시다.

오른쪽 그림을 봐주세요. 5장부터 이어온 논지가 거의 그대로 속인화로 연결된다고 볼 수 있습니다. 게다가 인재 육성 방법의 문제나 속인화 상태를 솔직하게 드러내기 싫은 개인의 심리 등이 악영향을 주는 듯합니다.

개인의 심리. 이것이 가장 큰 문제입니다. 하지만 이 부분을 간과하면 속인화의 벽은 허물 수 없습니다(회피해서는 안 됩니다!). 그래서 여기서는 먼저 탈속인화를 거부하는 개인의 심리와 '잘 적응할 수 있는 방법'을 고민해보겠습니다.

사람들은 왜 '탈속인화' '매뉴얼화'를 싫어할까?

대체로 기업에서 근무하는 사람들은(저 역시 그중 한 명이었지만) '탈속인화'나 '매뉴얼화'를 꺼리는 듯합니다. 오래된 기업의 베테랑 사원일수록 그런 경향이 강하다고 볼 수 있습니다. 그래서인지 때로 베테랑 사원은 자신의 업무를 분해해서, 매뉴얼화하는 것에 격렬히 저항합니다.

☑️ 속인화는 왜 일어나는가?

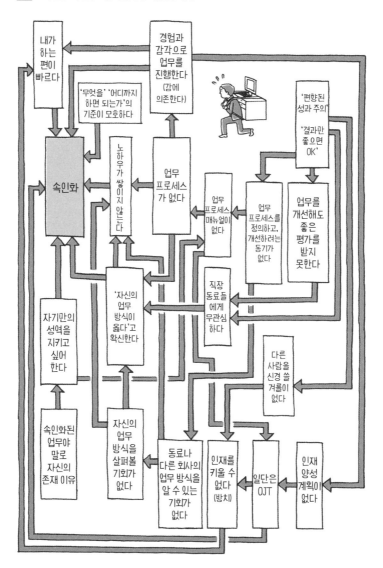

이는 사실 지극히 당연한 반응입니다. 그런 심리를 이해하기 위해서 심리학에 대해 살짝 언급하고 지나가겠습니다.

인간에게는 다음의 세 가지 '인정받고 싶은 욕구'가 있다고 합니다.

① 결과 인정 욕구

② 행동(프로세스) 인정 욕구

③ 존재 인정 욕구

① 결과 인정 욕구

자기 행동의 결과를 타인에게 인정받고 싶은 욕구입니다.

예

"자네, 5,000만 원이나 되는 큰 주문을 받았더군, 대단해!"

"요전에 만들어준 케이크, 정말 맛있었어. 고마워!"

② 행동(프로세스) 인정 욕구

자신의 행동 그 자체를 칭찬받고 싶은 욕구입니다.

예

"매일 고객들에게 열심히 연락한 보람이 있었어, 훌륭하네!"
"케이크 만드는 거 힘들지 않았어? 고마워!"

③ 존재 인정 욕구

자신의 존재 자체를 인정받고 싶은 욕구입니다.

예

"자네가 있으면 사무실이 환해진다니까!"
(제삼자 앞에서) "정말 너는 케이크를 잘 만들어!"
"자네의 노하우는 우리 팀에 꼭 필요해."

여기서 생각해봅시다.

탈속인화나 매뉴얼화에 거부하는 사람들. 그들은 남들은 할 수 없는 업무를 하는 자신의 모습과 자신에게만 있는(그렇다고 생각하는) 독자적인 지식이나 노하우에서 존재 의미를 찾고 있는 건 아닐까요? 속인화된 업무 자체가 자신의 존재 이유고, 그 영역을 누군가가 건드리면 존재가 부정당할지 모른다는 두려움이 있는 겁니다.

눈에는 눈, 이에는 이, 인정 욕구에는 인정 욕구를!

　인간의 인정 욕구를 무시한 채, 무턱대고 탈속인화를 밀어붙였다가는 실패하기 쉽습니다. 베테랑 사원은 노하우를 내놓지 않을 것이고, 인간관계에서도 문제의 불씨가 됩니다. 그럼 어떻게 하면 좋을까요?

　베테랑 사원의 인정 욕구를 따로 다루어주면서, 노하우를 공유하도록 유도합니다.

- **탈속인화, 표준화 활동 자체를 평가한다**
- **노하우와 지식의 공개, 공유를 평가한다**
- **그 사람에게 육성자로서의 지위와 명예를 부여한다**

　이처럼 노하우 공유가 그들의 자랑이 되도록 하는 것입니다.

　그러기 위해서는 노하우를 공유할 수 있는 직장 풍토를 만들고('기회' 조성) 이를 북돋우는 인사 제도나 평가 제도의 정비('제도' 마련)도 중요합니다. 어떤 회사는 인사 평가에 '타자 공헌'이라는 항목을 두고, 자신의 경험과 지식을 다른 사람과 공유했을 때 보너스 점수를 부여합니다.

　눈에는 눈, 이에는 이. 인정 욕구에는 인정 욕구를!

'좋은 속인화'와 '나쁜 속인화'를 구분한다

탈속인화는 현실적으로 불가능합니다. 그렇다고 해서 속인화 상태를 그대로 방치해두어서도 안 되죠.

세상에는 두 가지의 속인화가 있습니다. 바로 '좋은 속인화'와 '나쁜 속인화'입니다. '속인화'라고 다 똑같을 것이라 생각하지 말고, 우선 좋고 나쁜 것을 가려서 다루는 법을 고민해봅시다.

다음 쪽의 맥주 그림을 봐주세요. 이는 업무를 두 가지 요소로 나눈 그림입니다. 아래는 '필수 부분', 즉 팀으로서 반드시 해야 하는 업무입니다. 그에 반해, 위의 '부가가치 부분'은 하지 않아도 어쩔 수 없지만, 해준다면 감사한 업무이거나, 아래의 '필수 부분'의 품질과 속도를 향상시키는 활동을 의미합니다.

이를 기반으로 '좋은 속인화'와 '나쁜 속인화'를 정의하자면 다음과 같습니다.

좋은 속인화

'필수 부분'의 업무는 그 사람이 아니어도 잘 돌아갑니다.

부가가치 부분은 있으면 좋지만, 없어도 어떻게든 돌아갑니다.

☑ **'필수 부분'과 '부가가치 부분'**

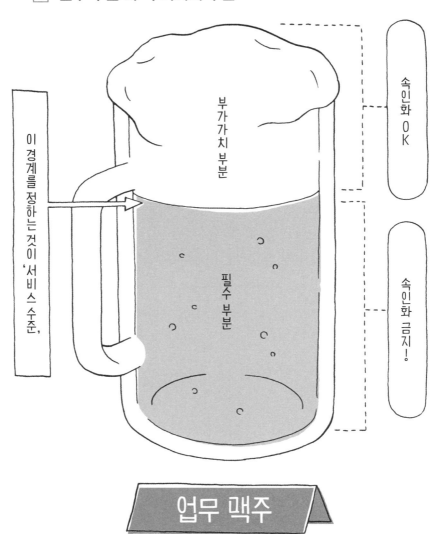

부가가치 부분

필수 부분

이 경계를 정하는 것이 '서비스 수준'

속인화 OK

속인화 금지.

업무 맥주

나쁜 속인화

특정한 누군가가 아니면 '필수 부분'의 업무가 돌아가지 않습니다.

예를 들면 당신의 직장이 IT 헬프 데스크라고 합시다. 고객의 전화 문의가 오면 시스템 조작 방법이나 인터넷 접속 방법을 알려주는 곳입니다. 이 업무는 아래의 '필수 부분'에 해당할 겁니다. 헬프 데스크 직원 전원이 할 수 있어야 합니다. 한편 베테랑 I 씨는 시스템 조작 방법뿐 아니라 효율적인 사용법이나 비법도 알려주고 다른 사람보다 짧은 시간 안에 쉽게 설명합니다. 또 인터넷 접속에 문제가 발생할 때를 대비해 스스로 해결할 수 있도록 간단한 매뉴얼을 만들어서 메일로도 보내줍니다. 이것은 '부가가치 부분'입니다. I 씨만 할 수 있는 일이지만, 그렇게 못하는 다른 팀원이 곤란해지는 건 아니니까요. 이 경우는 '좋은 속인화'라 할 수 있겠죠.

물론 팀의 가치와 고객 만족도를 높이기 위해서는 부가가치 부분의 지식과 노하우를 탈속인화하여 전수해야 할 필요가 있습니다. 이는 '필수 부분'의 수준을 높이는 데도 연결됩니다.

SECTION 06 매뉴얼이 없다

125

'나쁜 속인화'에서 탈출하자
―우선도 & 속인화 정도 매트릭스

그렇지만 세상에는 이미 '나쁜 속인화'가 만연해 있습니다. 조금이라도 '좋은 속인화' 쪽으로 바꿔가려면 어떻게 해야 할까요?

플로차트 하나를 소개하겠습니다. 이는 제가 클라이언트의 업무를 정리할 때 사용하는 것입니다. 이 흐름에 따라 '업무의 우선도'와 '속인화 정도'라는 두 가지 축으로 '탈속인화가 가능할지' '가능하지 않다면 어떻게 업무의 우선도를 낮출 것인지(속인화되어 있어도 상관없도록)'를 가늠해보는 것입니다.

이렇게 우선도와 속인화 정도라는 두 축으로 각각의 업무를 평가하여 그 결과를 129쪽의 매트릭스로 정리해보겠습니다.

구역 I

우선도, 속인화 정도 모두 높은 영역. 탈속인화를 할 수 없는 경우는 인력을 충원해서 보완해나가되, 가능하면 우선도와 속인화 정도를 낮추어 구역II나 구역III으로 이동시킬 수 있도록 검토한다.

구역 II

속인화 정도는 높지만, 우선도는 그렇게까지 높지 않은 영역. 어느 정도의 속

☑ '속인화' 분석 플로차트

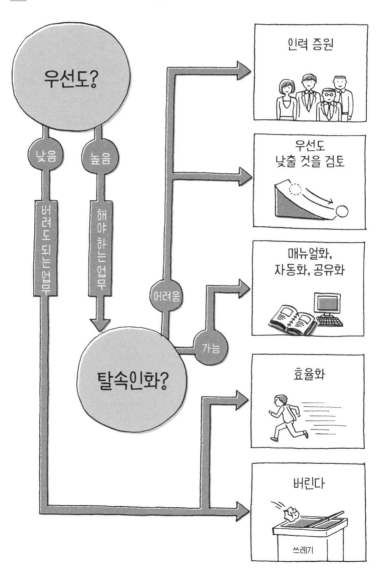

인화는 허용하되, 처리 기한에 여유를 두는 등(그 사람이 출근해 있을 때 처리하도록 하는 게 좋다) 최선을 다해 응대한다. 그 업무의 이해 관계자(상사, 관련 부서, 고객 등)에게 설명하고 이해를 구하는 노력도 필요하다.

구역 III

우선도는 높지만 속인화 정도는 낮은 영역. 이 영역의 업무는 표준화, 매뉴얼화를 진행하여 가능한 한 효율을 높이도록 한다.

구역 IV

우선도와 속인화 정도 모두 낮은 영역. 이 영역에는 애초에 하지 않아도 되는 업무가 들어가 있을 수도 있다. 그러니 과감하게 버릴 것을 검토해본다.

속인화를 완전히 없앨 수는 없지만, 줄이는 것은 가능합니다. 먼저 현재 하고 있는 업무를 파악하여 쭉 나열한 다음 팀 전원이 각각 어떻게 속인화되어 있는지 매트릭스에서 위치를 따져봅시다.

☑ 우선도와 속인화 정도 매트릭스

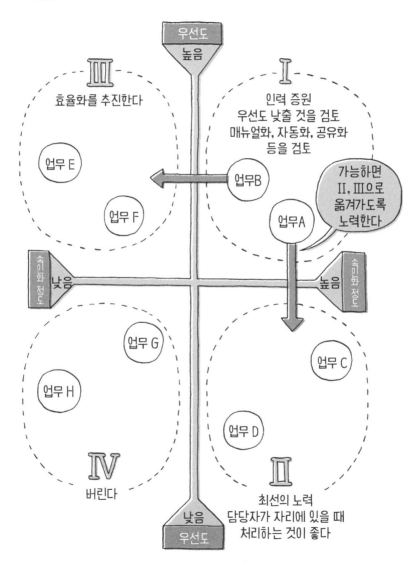

매뉴얼은 인수인계 시에 만들어두자!

　인사이동의 계절에는 왠지 모르게 안절부절못하게 됩니다. 특히 베테랑 사원이 옮기기라도 하면 더욱 조마조마하죠.

　'저 사람에게 속인화되어 있는 애물단지 업무를 누가 맡을 것인가?'

　모두 상사의 시선을 피하고는 숨죽인 채 눈치만 봅니다. 그때 나지막이 울리는 상사의 발소리. '뚜벅뚜벅' 그렇게 조용히 당신의 등 뒤에 와 있는 것은 아닐까요?

　"자네, 미안한데 그 업무(인사이동한 베테랑 사원의 업무)를 좀 맡아주겠나?"

　으악!!! 상사의 무자비한 한마디. 하지만 당신은 마음의 준비를 해야만 합니다. 월급쟁이니까요.

　'어쩔 수 없지 뭐. 적당히 인수인계 받아서 대충대충 일해야지.'

　……잠깐! 여기서 적당히 인수인계 받았다가는 나중에 큰코다

칩니다.

기업의 대부분이 전임자의 구두 설명이나 OJT만으로 업무를 인수인계하는 경우가 허다합니다. 전임자의 업무가 속인화된 경우는 특히 그렇죠. 업무가 모두 전임자의 경험과 감각과 취향(?)대로 수행되어 왔기 때문에 구두로 전달하려는 것입니다! '속인화'의 릴레이에 지나지 않습니다.

그럼 어떻게 하면 좋을까요. 내키지 않을 수도 있겠지만, 인수인계를 받는 당사자가 직접 확실하게 매뉴얼을 만들어두는 겁니다. 노트북을 펼쳐놓고 인수인계 설명을 들으면서 텍스트로 순서를 기록합니다. 필요에 따라서 자료를 캡처하거나 사진을 삽입합니다. 이렇게만 해도 충분합니다.

'전임자의 취향이나 고집으로 계속된 쓸데없는 작업'을 잘라내자

그때 기왕이면 필요 없는 작업은 잘라내 버립시다. 의외로 전임자의 취향이나 고집으로 지속된 쓸데없는 작업이 있습니다. 그대로 답습했다가는 더욱 고달파지기만 합니다. 예를 들어, 원래 한 시간짜리 업무인데 담당자가 바뀔 때마다 임의대로 10분씩 새

131

로운 작업을 추가했다고 칩시다. 그렇게 세 번째 담당자에 와서는 한 시간 반이나 걸리는 업무가 되어 있습니다!

인수인계는 해당 업무에서 필요 없는 부분을 바로잡을 기회이기도 합니다. 후임자 특유의 참신한 눈으로 업무 배경이나 의미를 재검토하여 군더더기를 없앱시다.

"누구라도 처리할 수 있도록 했으니, 내가 없어도 문제없다!"

이런 말을 할 수 있어야 합니다.

마지막으로 한 번 더, 인수인계를 받을 때 해야 할 두 가지를 짚고 넘어가겠습니다.

① 바로 이때다 하고 매뉴얼을 만든다(말로만 전달하는 것은 이제 그만!)
② 이번 기회에 필요 없는 작업은 버린다

☑ '고집'이 계속 더해지면 큰일난다!

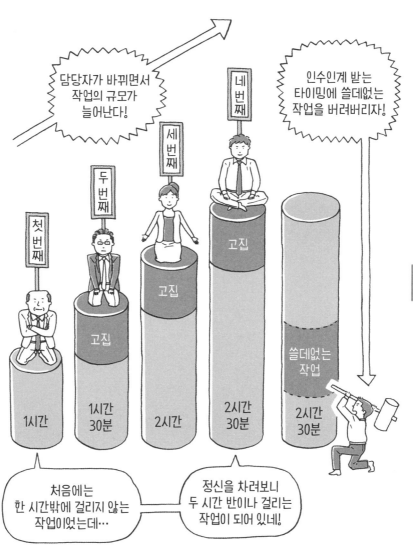

하기 싫은 업무일수록 매뉴얼화하자

'하기 싫은 업무일수록, 매뉴얼화하여 편리하게 처리하자.'

이것은 제 방침입니다. 옛날이야기를 하나 들려드리죠. 20대 시절 저는 자동차 회사의 구매 담당(바이어)으로 일한 적이 있습니다. 공급 업체와 가격을 협상하거나, 입찰을 넣기도 하고, 새로운 공급 업체를 알아보는 것이 주된 업무였습니다. 그리고 매달 팀 전체(=바이어 개개인)의 원가 절감 실적을 집계하여 구매 시스템에 입력하는 업무도 담당했습니다. 그런데 저는 이 실적 집계 업무가 정말 싫었습니다!!

무엇보다 실적 집계 자체가 여간 어려운 일이 아니었습니다. 바이어가 한두 명도 아닌데 일일이 당월 실적을 물어본 후, 수치에 이상이 있으면(대개 이상한 부분이 있습니다) 확인해서 수정해야만 했거든요.

더욱이 수치도 가공해야 했는데, 바이어들에게 받은 수치를 그대로 시스템에 입력하는 것이라면 크게 어려울 게 없겠지만, 팀 단위로 모은 뒤 시스템용 값으로 변환해야 했기 때문에 꽤 힘든 작업이었습니다.

매달 정해진 날짜에 반드시 이 귀찮은 업무를 해야 한다는 압박감에 짓눌려 늘 우울했습니다. 그래서 과감히 그 짜증나는 업무 절차를 매뉴얼로 만들어버렸습니다. 그 결과.

- 매번 고민하지 않아도 된다
- 짧은 시간 안에 대수롭지 않게 끝낼 수 있게 되었다
- 최종적으로, 다른 직원에게 그 업무를 전달할 수 있게 되었다!

아주 행복했습니다.

할 때마다 정말 힘들었거든요.

"저기, 이거 어떻게 하는 거였더라?"

"이 부분은 어떻게 하면 되지?"

시간도 걸리고 두말할 것 없이 효율이 떨어지죠. 게다가 싫어하는 업무라면 그냥 대충대충 '날림'으로 넘어가 버리기 일쑤입니다. 그러다 보니 다음에 똑같은 업무를 할 때 그 상황을 또다시 마주할 수밖에 없었습니다. 더욱이 '날림 일'은 업무 품질도 엉망이라 '반려'를 당해 재작업으로 이어집니다. 다시 말해, 싫어하는 일의 굴레에서 벗어날 수 없는 것입니다. 당연히 고통은 커지게 마련이고요.

싫은 일일수록, 매뉴얼화하여 짧은 시간 안에 쉽게 끝내도록 합시다.

"아, 이 업무 하기 싫어." → 바로 매뉴얼화!

과잉 서비스가 발생한다

'전임자는 해줬는데, 왜 안 된다는 거죠?'

"네, 경리 서비스 센터입니다!"

당신은 대형 전자 브랜드 자회사의 경리 서비스 센터에서 근무하고 있습니다. 모회사의 경리 부문을 대행하여, 모회사 사원들의 경비 신청을 받는 것이 당신의 업무입니다.

오늘도 책상에는 신청 서류가 산더미같이 쌓여 있습니다. 서류 한 장 한 장마다 빠진 내용은 없는지 확인합니다. 아, 낯선 형식의 신청서가 있군요. 회사 차량 이용 신청서……? 이것은 총무 서비스 센터에 제출해야 할 서류 같은데. 다시 돌려보내야 하기에, 수화기를 들고 신청자의 내선번호를 누릅니다. 금세 전화가 연결됩니다.

"안녕하세요. 경리 서비스 센터입니다……."

당신은 서둘러 상황을 설명하고 상대에게 신청서를 돌려보내겠다는 뜻을 전합니다. 그런데 상대방의 반응은…….

"네? 서류를 다시 제출해야 한다고요?"

뭔가 마음에 들지 않는 눈치군요.

"전임자였던 J 씨는 매번 총무 서비스 센터로 전달해주던데요."

금시초문입니다. 애초에 신청 서류에 빠진 사항이 있으면 신청자에게 돌려주는 것이 원칙일뿐더러 전송 작업도 시간이 꽤 걸립니다.

"담당자마다 처리가 다른데, 이떻게 된 거죠?"

수화기를 통해 상대의 마뜩잖은 기분이 확실히 전달됩니다. J 씨가 마음대로 처리해버린 탓에 상대의 불평을 받아들일 수밖에 없는 상황입니다.

"그럼, 이번에는 제가 총무 서비스 센터로 전송하겠습니다."

이렇게 대답하고 전화를 끊습니다.

이 건으로 퇴근 시간이 지나서까지 일을 하게 되었습니다. 그때 마침 상사가 다가옵니다. 뭔가 위로의 말이라도 건네줄까요?

"이봐, 자네 아직도 퇴근 안 했나? 그러지 말고 일른 퇴근하게. 그런 업무는 내일 해도 되잖아."

　설마 꾸중을 듣는 건가요?! 열심히 일하는 중인데⋯⋯.
흔히 있을 수 있는 '과잉 서비스'의 비극입니다.

과잉 서비스는 왜 발생하는가?

　과잉 서비스의 발생 배경을 살펴봅시다(141쪽의 그림).
　⋯⋯역시나, 여기에도 '속인화'가 등장하는군요! 담당자에 따라 처리 방식이 제각각인데, 이것이야말로 과잉 서비스의 원인임에 틀림없습니다. 아무튼 속인화는 직장에서 골칫거리군요.
　이외에도 어떤 것이 과잉 서비스를 발생하게 할까요? 하나씩 짚어봅시다.

① 업무 우선도에 대한 인식이 제각각이다
　당신은 '오늘 중으로 끝내야만 하는 일'이라고 생각하고 진행하고 있는데 상사는 '야근까지 할 정도의 일은 아니다'라고 판단하고 있습니다. 다시 말해 같은 팀 내에서도 업무 우선도에 대한

☑ 과잉 서비스가 발생하는 배경

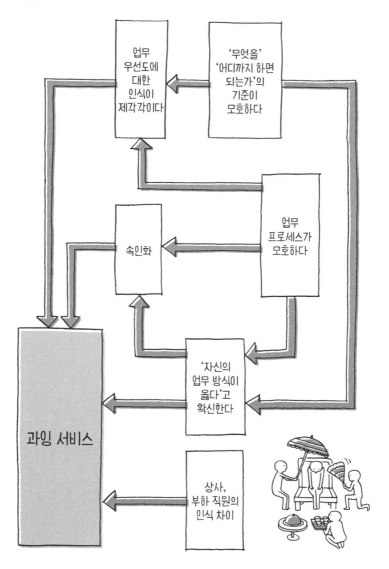

업무 우선도에 대한 인식이 제각각이다

'무엇을' '어디까지 하면 되는가'의 기준이 모호하다

속인화

업무 프로세스가 모호하다

과잉 서비스

'자신의 업무 방식이 옳다'고 확신한다

상사, 부하 직원의 인식 차이

인식이 다르다는 말이죠.

② '자신의 업무 방식이 옳다'고 확신한다

전임자 J 씨는 잘못 제출된 신청서를 해당 부서에 대신 전달해 주고 있었습니다.

센스를 발휘한 것일지도 모르지만, 그렇게 처리하는 것이 옳다고 믿고 있을 가능성도 있습니다.

그 결과 상대의 기대치는 높아져 버렸습니다. 그것이 '부가가치 제공'의 수준이면 모르겠으나 규정 위반이나 비용 혹은 수고를 크게 발생시키는 수준이라면 제아무리 그 사람에게만 있는 특별한 능력이라 해도 재고해봐야 할 것입니다.

③ '무엇을' '어디까지 하면 되는가'의 기준이 모호하다

애초에 이 직장에서는 '무엇을' '어디까지 하면 되는가'의 기준이 모호했습니다.

- 미비한 신청서의 경우 처리 규정은?
- 오후 4시 이후 접수한 건은 언제까지 처리해야 하는가?
- 접수와 반려 중 어느 쪽을 먼저 처리해야 하는가?

이처럼 처리 규정이나 우선도를 판단하는 통일된 규정이 있다면 인식 차이는 발생하지 않았겠죠.

처음부터 커뮤니케이션이 이루어졌다면

이 세 가지 이면에는 더욱 큰 하나의 원인이 있습니다.

'상사와 부하 직원의 인식 차이'

네. 2장에서 살펴보았습니다. 이 경우도 상사와 부하 직원, 혹은 팀 내의 동료 사이에 커뮤니케이션이 있었다면 사전에 문제를 방지할 수 있었을 겁니다.

'다른 부서로 가야 할 신청서가 잘못 접수되었을 때, 이쪽에서 제대로 전달해준다면 상대는 편하겠지만, 과연 그렇게 해도 좋은 걸까?'
'어쨌든 이 업무는 오늘 중으로 끝내고 싶다. 한 시간 야근해도 괜찮을까?'

평소에 업무 처리 규정이나 우선도를 제대로 확인해두어야 합니다. 그러려면 상사는 상의하기 쉬운 분위기와 기회를 만드는 데 신경 써야겠죠. 3장에서 '보·연·상 하는 기회나 규칙을 만들자'고 제안했는데, 반강제적으로 부서 전 직원을 한자리에 모아서 커뮤니케이션을 하도록 하는 것도 방법입니다.

어설픈 선의와 정의감이 뒤통수를 친다

이 경우에는 상대의 기대와 자신이 제공하는 서비스의 수준 차이가 문제로 이어졌습니다. 짚고 넘어가야 할 점은 팀원의 선의가 화근이 되어버렸다는 것입니다.

'여기까지 해주면 고객이 더 기뻐하겠지.'
'모처럼 상사에게 보고 자료를 제출하는 것이니 동영상도 넣고 화려하게 만들어야지…….'
'어떤 건이든 나는 당일에 끝을 내겠어!'

과잉 서비스의 이면에는 이 같은 개인의 사소한 선의나 정의감이 존재합니다. 그런데 때로는 헛수고나 쓸데없는 참견이 되기도 하고, 그런 호의가 상대의 기대치를 올려놓는 결과를 낳습니다.
또 그로 인해 질책을 받기도 합니다…….

　'잘하는 일'이라고 생각하고 열심히 했는데 야단을 맞는다면
팀원의 사기도 꺾이겠죠. '다시는 쓸데없이 배려 같은 거 하나 봐
라!' '열심히 할 필요가 없네!'라는 억울한 마음이 들게 마련입
니다. 소중한 팀원들에게 상처를 주지 않기 위해서라도 '무엇을'
'어디까지 하며 되는가'를 제대로 정의해주어야 합니다.

- 그 일은 어디까지 처리해야 하는가?
- 어떤 수준(품질, 속도 등)으로 제공해야 하는가?

　이와 같은 결정 사항이 바로 '서비스 수준'입니다. 업무에 서비
스 수준이 설정되어 있으면 팀원들은 무엇이 '과잉'이고 무엇이
'필수'인지를 쉽게 판단할 수 있겠죠.

　이제, 서비스 수준은 어떤 내용으로 정의하면 좋을지 다음 8장
에서 상세히 다루겠습니다.

'무엇을' '어디까지'가 모호하다

'그 업무는 그쪽에서 해주면 안 될까?'를 거절할 수 없는 비극

이번에는 어떤 기업의 정보 시스템 부서의 이야기를 해보겠습니다. 입사 4년차 K 씨는 영업 시스템 운용 관리를 담당하고 있습니다.

금요일 오후 5시, '오늘은 오랜만에 정시에 퇴근할 수 있겠군.' K 씨는 벽시계를 흘끔흘끔 보면서 퇴근 준비를 했습니다. 그때…….

따르르르릉.

책상 위 전화가 요란하게 울렸습니다. 화면에 영업 관리부의 L 과장의 이름이 떴습니다. 그는 사내에서도 변덕이 심한 걸로 유명한 괴짜입니다. 불길한 예감이 드는군요…….

"L입니다. K 씨, 부탁이 하나 있는데요……. 영업부에서 대규모 인사이동이 있다고 하는데 혹시 알고 계세요? 다음 주 월요일에 150명이나 이동한다고 합니다. 그래서 말인데, 당장 월요일부터 그 사람들이 영업관리 시스템을 사용할 수 있으면 좋겠는데요~"

즉, 150명분의 시스템 이용 권한을 지금부터 등록해야 한다는 말인데, 사용자가 영업 관리 시스템을 이용하도록 하려면 하루는 걸리겠네요. 아무래도 야간에 일괄적으로 처리하지 않으면 기한을 맞출 수 없을 겁니다. 불길한 예감은 빗나가지 않는군요······.

"혹시 화요일부터는······ 어떨까요? 시간이 벌써 이렇게나 지나
버려서요······."

밑져야 본전이라는 생각으로 물어보았습니다. 화요일부터라면
월요일에 느긋하게 권한 등록을 해도 되니까요.

"그건 좀 곤란합니다. 현장에서 월요일 아침부터 쓸 수 있게 해
달라고 난리라서요······. 어떻게 안 될까요?"
"그럼, 신청서를 보낼 테니 150명의 사원번호와 이름을 기재해
서 제출해주세요."

어쩔 수 없군요. 다행히 이용 권한 등록 자체는 그렇게 수고스
러운 일은 아닙니다. 신청서를 시스템에 입력만 하면 되니까요. 그
래서 6시까지 끝내고 퇴근하려던 참인데······.

"네? 저보고 기재하라고요? 150명분이나요? 음, 그건 좀 아닌
것 같은데요."

적반하장이 따로 없네요. L 과장은 계속 말을 이었습니다.

"저기 입력도 해줄 수 없을까요? 150명은 사내 포털의 인사 공지에서 영업부로 이동한 사람과 동일하니까 이름은 거기서 알 수 있어요. 그리고 사원번호는 전자 전화번호부 시스템에서 찾을 수 있고요. 시스템엔지니어라면 척척 찾을 수 있지 않나요? 부탁합니다, K 씨."

정말 말도 안 되는 부탁이네요.

"죄송합니다만, 그렇게까지는……."
"……아, 네. 알겠습니다."

이렇게까지 얘기하자 L 과장은 전화를 끊었습니다. 일단 신청 서류가 오기를 기다리고 있는데 그때 옆자리에서 전화가 울리고 M 과장이 전화를 받습니다. 무슨 일인지 연신 끄덕거리며 통화를 하고 있습니다. 그리고 5분 후…….

"방금, 영업 관리부의 L 과장이 전화를 줬는데, 사정사정하네. 미안한데 자네가 150명 신청서 작성과 권한 등록을 좀 해줘야 할 것 같은데?"

뭐라고? 아뿔싸.

"네? 왜 그래야 하죠? 신청서는 이용 부서에서 기재해야 합니다. 그것도 금요일 퇴근 시간에 150명이나 되는 입력을 하라니, 농담이시겠죠."

"음…… 나도 그렇게 생각하는데, 예전에도 몇 번인가 우리 쪽에서 해준 적이 있어. 그걸 물고 늘어지네……. 게다가 ㄴ 과장은 내 입사 선배이기도 하고, 도저히 거절할 수 없어서 하겠다고 했네. 그러니 부탁해……."

그런 건 내 알 바 아닙니다. 아, 아 결국 오늘도 야근인가요…….

'모호함'을 만들어내는 세 가지 문제

'무엇을' '어디까지 하면 되는가'가 모호합니다.

이것은 당신과 당신의 직장에 수많은 비극을 초래합니다. '과잉 서비스'(7장)를 초래하기도 하고, '속인화'(6장)와 '일을 하지 않는 사람이 존재하는 상태'(9장)의 원인이 되기도 합니다. 그 배경에는 세 가지 문제가 있습니다.

① 타 부서나 고객과의 관계가 모호하다

앞의 사례에서는 정보 시스템부와 영업 관리부의 역할 분담이 모호했습니다. 아니, 엄밀하게 말하자면 역할 분담은 있었죠. 그렇지만 '예전에 해준 적이 있다' '개인적인 인간관계'를 빌미로 "어떻게 좀 안 될까!"라는 식으로 밀어붙인 경우입니다.

혹시 지금까지의 관계와 습관으로 일을 하고 있는 것은 아닌가요. 원래 상대가 해야 할 업무를 '바쁘니까' '지난번에 해주었으니까'라는 등의 이유로 떠맡게 되기도 합니다. '상부상조의 정신'이라고요? 그것 참 아름답군요! ……하지만 그런 미덕에 취해 있다가는 어느 날 혼쭐이 납니다.

모든 것이 잘 돌아갈 때는 괜찮지만 변칙적인 대처나 갈등, 업무 변화 등이 발생하면 일순간 분위기가 바뀌어 분쟁으로 이어지기 쉽습니다. 예를 들어 앞의 사례에서 K 씨가 만약 신청서 내용을 잘못 입력했다면 어떻게 될까요?

L 과장 : "저기, 영업관리 시스템에 접속할 수 없다고 불평하는 직원이 두 명이나 있는데, 제대로 등록한 게 맞나요?"

K 씨 : "확인해보겠습니다……. 아, 이름이 한 글자 다른 직원에게 권한이 잘못 부여되었네요. 죄송합니다……."

L 과장 : "이러면 곤란해요! 정확하게 처리해줘야지."

☑ 모호함을 만들어내는 문제, 모호함이 가져오는 비극

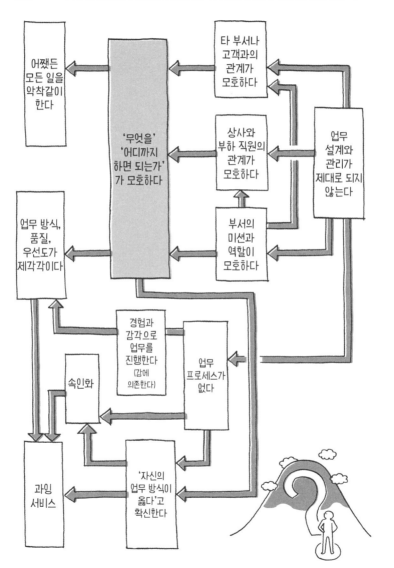

K 씨 : "정말 죄송한데요, 이런 경우를 대비해 신청서 기입은 이용 부서에서 하는 겁니다. 저희 쪽에서는 영업부 사람들의 얼굴과 이름을 모르니까요⋯⋯."

L 과장 : "아니, 왜 정색을 하고 그래요? 꼭 내가 실수를 한 것처럼!"

K 씨 : "(굳은 표정) 네, 말이 나왔으니 말인데, 원래 책임을 떠넘긴 건 그쪽이잖아요!"

L 과장 : "뭐라고요!"

자자⋯⋯ 싸움은 그만, 둘 다 그만하세요!

이런 사례는 우리 주변에 얼마든지 있습니다. 모두 별문제 없이 사이좋게 지낼 때는 괜찮다가도 일단 문제가 발생하면 '누구 책임이지?' '누가 처리 비용을 대지?' 등의 논쟁이 시작되면서 분위기는 순식간에 험악해집니다. 이 지경에 이르지 않으려면 책임 분담을 확실히 해두어야 합니다.

② 상사와 부하 직원의 관계가 모호하다

다른 부서나 고객과 소속팀의 책임 범위를 정하는 것은 누구인가요?

자신이 속한 팀이 '무엇을' '어디까지 하면 되는가'를 정하는 것은 누구인가요?

이를 팀원에게 교육하고 주지시켜야 할 책임이 있는 사람은 누구인가요?

바로 상사입니다. 애초에 팀의 상사와 부하 직원의 관계가 모호하다면 일도 느슨해지기 십상입니다. 특히 서투른 상사일수록 아래 직원들에게 위압적으로 대합니다. 익숙하면서도 슬픈 광경이죠.

혹시 여러분의 팀은 '친교 클럽'이 되어버린 건 아닌가요?

③ 부서의 미션과 역할이 모호하다

'아, 대체 우리 부서는 뭘 하는 곳이었지?'

여러분의 부서와 팀은 무엇을 하는 조직인가요?

그 누구도 미션과 역할을 의식하지 않고 내달리다가는 '무엇을' '어디까지 하면 되는가' 혹은 '여기까지는 하지 않아도 된다'는 범위가 아무래도 모호해집니다.

저는 수많은 기업에서 업무 프로세스 개선을 지원하고 있는데, 처음 미팅 자리에서 상대방에게 반드시 물어봅니다.

"이 부서의 미션과 역할은 무엇입니까?"

바로 답을 하지 못하거나, 혹은 "그러고 보니 명확히 정의되어 있지 않네요"라며 사람들은 술렁거리기 일쑤입니다. 하지만 적어도 관리직 정도 되면 제대로 설명할 수 있어야 합니다.

업무를 제대로 설계하고 관리하기 위한 네 가지 단계

업무 진행이 잘되지 않는 직장을 보면…… 업무 설계, 관리가 제대로 되어 있지 않습니다!

① 자기 부서의 미션과 역할을 제대로 이해한다
② ①을 팀 수준에서 적용하고, 목표를 설정한다
③ 미션, 역할, 목표에 맞추어 업무 규정이나 우선도, 즉 '무엇을' '어디까지 하면 되는가'를 설계한다
④ 그것을 부하 직원과 관계자에게 주지시킨다

이러한 일련의 관리과정이 가능하지 않으면 업무가 임기응변식이 되어 절대로 추가 근무가 줄지 않고 쉴 수 없는 직장에서 벗

어날 수 없습니다.

  업무 프로세스의 관리는 상사의 책임입니다. 우선 자기 부서의 미션과 역할을 확인하고 '어떤 업무를 어디까지 하면 되는가?' '어떤 수준(품질, 속도 등)으로 제공해야 하는가?'를 설계합시다.

서비스 수준을 설정하자

  업무를 '어떤 조건에서, 어떤 수준(품질, 속도 등)으로 제공할 것인가?'를 결정하는 것이 '서비스 수준'입니다. 바꾸어 말하면 '업무를 어디까지 하면 되는가'를 정하는 근거라고 볼 수 있죠.

  택배 서비스를 예로 들어보겠습니다.

- 수도권 지역(산간 지역은 제외)은 당일 배송합니다(당일 13시까지 접수)
- 날씨와 교통 사정에 따라 변동이 생길 수 있습니다

대리점의 간판과 전표에 이렇게 안내되어 있습니다. 이것이 서비스 수준입니다. 고객은 이 조건이 충족될 것을 기대하고 택배 서비스를 이용합니다. 또한, 택배 서비스 업자도 이 조건에 맞추려고 최선을 다해야 합니다. 어지간한 악천후가 아니고서는 13시까지 접수된 물건은 무슨 일이 있어도 배송해야만 합니다! 그렇지 않으면 고객의 신뢰를 잃고 말겠죠. 여러분의 업무에서도 다음과 같은 서비스 수준을 설정할 수 있습니다.

- 경리: '접수 후 영업일 10일 내에 대납 교통비를 신청자(사원)에게 지급한다'
- 영업: '견적 의뢰 접수 건은 익일 17시까지는 견적서 송부를 완료한다'

앞의 경우에서는 신청서를 접수받은 후 권한 등록을 완료하기까지의 기한에 대한 규정이 없었습니다. 그것까지 명시해두었다면 L 과장의 억지스러운 요구를 피할 수 있었겠죠.

정해진 서비스 수준에 따라서 야근까지는 하지 않아도 될지, 혹은 좀 더 필사적으로 처리해야 할지가 결정됩니다. 아니면 처음부터 인원을 늘리거나 효율화해야 하는 경우도 있을 수 있습니다. 서비스 수준은 '업무나 프로세스를 어떻게 개선하면 좋을까?'를 정하는 근거이기도 합니다. 팀 내에서 조율하여 제대로 설정하는 것이 중요합니다.

서비스 수준을 알리고 주지시키자

모처럼 만든 서비스 수준도 그냥 정해두기만 해서는 무용지물입니다. 가령 '이 도로의 제한속도는 20킬로미터입니다'라고 정했는데 표지판이나 설명이 없다면 사람들이 알 방법이 없겠죠. 결국 대부분의 자동차가 시속 40킬로미터 이상으로 달린다면…… 서비스 수준은 의미가 없습니다.

서비스 수준은 먼저 자신이 속한 부서(팀원과 책임자), 다음으로 타 부서나 고객 등 관계자에게 알려야 합니다. 고지 방법은 여러 가지가 있습니다.

- 웹 사이트(인터넷, 인트라넷)나 인쇄물
- 회람
- 업무 양식(신청서 등)의 주석란
- 팀원 개개인 메일의 서명란
- 구두나 전화로 설명

여기서 중요한 것은, 고지만 해서는 안 된다는 것입니다!

'정례 팀 회의에서 부하 직원에게 계속해서 전달한다.'

'공지문을 만들어 게시판에 게시한다.'

    이처럼 서비스 수준은 정해진 날부터 눈과 귀에 쏙쏙 들어오도록 부하 직원에게 주지시킵시다.

    어떤 회사의 오퍼레이션 데스크에서는 서비스 수준을 캐치프레이즈로 삼고 있습니다. '감사 규정'=1차 응대를 세 시간 이내에 완료한다(모든 안건의 90퍼센트 이상 처리가 목표). 이렇게 서비스 수준을 부하 직원이 기억하기 쉬운(동시에 상사도 기억하기 쉽고, 점검하기 쉬운) 형태로 정리하는 것도 방법입니다.

서비스 수준을 측정하자

    반드시 기억해야 할 것은 서비스 수준의 측정입니다. 이를 게을리하면 설정한 서비스 수준이 준수되고 있는지 증명할 길이 없습니다.

    예를 들어 당신이 햄버거 가게를 경영한다고 칩시다. 속도를 우선시하여 '주문 후 5분 이내에 제품을 받아볼 수 있도록 한다'를 서비스 수준으로 정했습니다.

이때 서비스 수준의 달성 상황을 어떻게 증명할까요?

각 점원의 응대 소요 시간을 측정해서 기록해야겠죠. 이를 바탕으로 '서비스 수준을 달성했다' '서비스 수준이 달성되지 않았다, 개선이 필요하다!' 등의 현황 파악이 가능합니다. 또 'A 씨는 서비스 수준을 지키고 있으나 B 씨는 미흡하다' 등 점원의 숙달 정도도 파악하여 지원할 수 있습니다.

일을 하지 않는
사람이 있다

관리자 :　　　　 "저기, N 씨. 고객에게 나가는 견적 회신을 서둘러 줄 수 있을까? 처리가 좀 느린 것 같아서."

부하 직원 N :　 "죄송합니다. 빨리 처리하겠습니다!"

다음 날

관리자 :　　　　 "N 씨, 아직도야? 좀 더 속도를 내줘."

부하 직원 N :　 "아…… 네, 알겠습니다. 죄송합니다……."

관리자 :　　　　 "아니, 됐어. O 씨에게 하라고 할게! 견적서 의뢰 메일 O 씨에게 전송해줘!"

부하 직원 N :　 "네, 네……."

부하 직원 O :　 "네? 저보고 하라고요? 아, 알겠습니다……. (어째서 항상 나한테만 일이 몰리는 거야. N 씨보다 월급을 더 받는 것도 아닌데…… 투덜투덜.)"

　이 직장에서는 1년 내내 이런 상황이 벌어지고 있었습니다. 짧은 몇 줄의 대화에서도 여러 가지 문제점이 보이죠.

'일을 하지 않는 사람'은 이렇게 해서 생겨난다
- 개인과 인사 문제로 치부해서는 안 된다!

'일을 하지 않는 사람' '열심히 하지 않는 사람'의 문제는 까딱하면 개인의 자질이나 채용, 평가 등 인사제도 탓으로 돌리기 쉽습니다. 설사 그렇다고 해도, 사람의 자질과 인사제도는 좀처럼 바뀌지 않죠.

좀 더 자세히 들여다보면 상사와 선배 사원의 매니지먼트와 처신 등 현장에도 원인이 있습니다. '인사 문제니까' 하고 강 건너 불구경만 하지 말고 여러분의 직장에서 할 수 있는 걸 찾아보세요.

여기에는 크게 두 가지 흐름이 있습니다. '처음부터 일을 하지 않는 사람'을 만드는 프로세스와 '열심히 하는 사람'을 '일을 하지 않는 사람'으로 만들어버리는 프로세스입니다. 왜 이런 일이 생기는 걸까요?

일을 하지 않는 사람을 만들어내는 다섯 가지 원인

먼저 '처음부터 일을 하지 않는 사람'을 만드는 원인을 살펴봅시다.

☑ '일을 하지 않는 사람'은 이렇게 생긴다

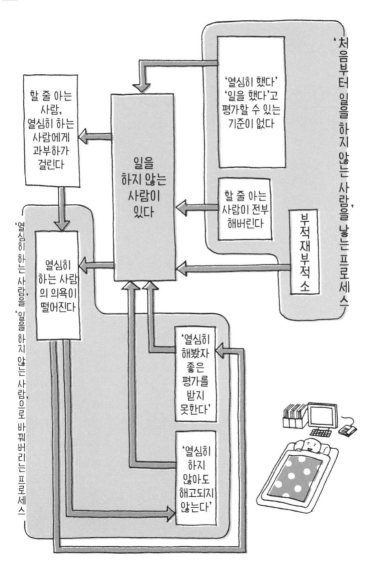

'처음부터 일을 하지 않는 사람'을 낳는 프로세스

'열심히 했다' '일을 했다'고 평가할 수 있는 기준이 없다

할 줄 아는 사람, 열심히 하는 사람에게 과부하가 걸린다

일을 하지 않는 사람이 있다

할 줄 아는 사람이 전부 해버린다

부적재부적소

'열심히 하는 사람'을 '일을 하지 않는 사람'으로 바꿔버리는 프로세스

열심히 하는 사람의 의욕이 떨어진다

'열심히 해봤자 좋은 평가를 받지 못한다'

'열심히 하지 않아도 해고되지 않는다'

① '열심히 했다' '일을 했다'고 평가할 수 있는 기준이 없다

'어쨌든 서둘러!' '좀 더 열심히 하라고' '왜 이리 처리가 늦어!'

고성이 난무하는 사무실. 안타깝지만 아직도 이런 직장이 적지 않습니다.

도대체가 지시 내용이 너무 모호합니다. '늦다' '빠르다' '열심히 해라'는 지극히 주관적인(게다가 속인화된) 표현입니다. 사람에 따라 해석이 달라질 수 있으니까요. 고속열차가 빠르다고 생각하는 사람이 있는가 하면 느리다고 생각하는 사람도 있습니다.

부하 직원에게 지시를 내릴 때 가능하면 객관적으로, 예를 들면 '한 시간 이내에' 같은 식으로 전달해야 합니다. 이렇게 목표치를 정량화하여 지시하면 부하 직원은 '무엇을' '어디까지 하면 되는가'를 객관적으로 파악할 수 있습니다. 또 '자신의 노력이 얼마나 부족한지' '얼마나 노력해야 되는지', 즉 목표에 대한 '현주소'를 알 수 있죠.

이런 것들을 생략해버리면 '좀 더 노력해!' '이미 최선을 다하고 있습니다'와 같은 악순환이 발생합니다.

② 할 줄 아는 사람이 전부 해버린다

"내가 하는 편이 빨라! 나에게 넘겨."

이는 언뜻 보면 당연한 일 같지만 사실은 아주 위험한 상태입니다.

이런 상태가 반복되면 부하 직원은 절대 성장할 수 없습니다. 결국 능력이 없는 사람이 되어버립니다.

또 할 줄 아는 사람이 알아서 업무를 자꾸자꾸 가져가버리기 때문에 현장은 모두가 다 열심히 하지 않아도 되는, 쾌적한 리조트와 같은 곳으로 변모합니다.

할 줄 아는 사람이 모두 해버리는 형태는 단기적으로는 편하고 좋을지 모르지만 긴 안목으로 볼 때 고민해봐야 할 문제입니다.

③ 부적재부적소

처음부터 업무 할당이나 책임 분담이 제대로 되어 있지 않을 가능성도 있습니다. 엑셀을 잘 다루지 못하는 직원에게 데이터 분석을 맡긴다거나 말을 잘 못하는 직원에게 전화를 받으라고 하는 등, 당사자는 열심히 하고 있을지 몰라도 좀처럼 숙달되지 않고, 주위의 눈총을 받기 일쑤입니다. 그렇게 담당자는 사기가 꺾이고 정말로 열심히 하지 않게 되는 경우가 생깁니다.

물론 부하 직원이 부족한 부분을 극복할 수 있도록 일부러 부적재부적소에 인원을 배치하기도 합니다. 하지만 이런 경우는 상사와 선배가 담당자에게 더욱 바싹 달라붙어서 열심히 지도해야겠죠.

"이 업무를 맡기는 자네에게 이유는……."
"자네도 이제 관리자가 되려면 숫자 감각을 몸에 익혀야지."
"어려운 점이 있으면 P 씨에게 도움을 요청하게. 나도 P 씨에게
미리 말해두겠네."

이 한마디만으로도 부하 직원의 사기는 많이 올라갈 것입니다.

④ '열심히 해봤자 좋은 평가를 받지 못한다'

앞의 사례를 다시 보겠습니다. 원래 N 씨가 해야 하는 업무를
맡게 된 O 씨는 열심히 하지 않는 N 씨보다 월급을 더 받는 것도
아니라고 불평합니다. 이런 불만이 쌓이고 쌓여가다 보면 언젠가
O 씨가 열심히 하지 않는 사람이 될 가능성도 있습니다. 최악의
경우 어느 날 갑자기 회사를 그만둘 수도 있습니다…….

평가제도는 쉬이 바뀌지 않겠지만, 상사는 열심히 하는 부하
직원에게 금전적인 지원 외에 보상을 해주려고 노력할 수 있습
니다.

• 부하 직원의 심정을 알아주고 공감한다

- 고마움을 전한다
- 부하 직원에게 거는 기대(앞으로 어떤 자리나 역할을 맡기고 싶은지, 어떤 경력을 쌓게 하고 싶은지 등)를 전한다
- 가능한 한 특기 분야나 원하는 업무를 맡긴다
- 최대한 좋은 평가를 내린다

이와 같이 관리직이 할 수 있는 선택지는 얼마든지 있습니다.

퇴사 이유 1순위가 '상사와의 인간관계'라는 조사 결과도 있습니다. 거꾸로 생각해보면, 상사의 처신과 관리 능력에 따라 부하 직원의 사기가 회복될 수 있다는 말이기도 합니다. 아직 기회가 남아 있습니다!

⑤ '열심히 하지 않아도 해고되지 않는다'

'대기업병'이라 조롱받는 이유 중 하나가 바로 이런 생각입니다. 열심히 하지 않아도 해고되지 않는다는 거죠. 그런 환경이 열심히 하려 하지 않는 '무임 승객'을 만들어냅니다. 한편 '해고되지 않는다'는 말은 사원이 안심하고 일할 수 있는 회사라는 뜻도 되기 때문에 꽤 골치 아픈 문제입니다.

일하지 않는 사람이 또다시
일하지 않는 사람을 만들어낸다

"저 사람, 정말 괜찮았었는데."
"의욕 넘치던 예전 모습은 어디로 가버린 거지?"

여러분의 직장에도 '왕년의 에이스'가 있지 않습니까? 그렇게 된 원인에는 여러 가지가 있습니다. 기존의 '일하지 않는 사람'이 새로운 '일하지 않는 사람'을 생산할 가능성도 있습니다.

원래는 능력이 있고, 일을 하는 사람이었는데 주변에 일하지 않는 사람이 많다 보니, 결과적으로 사례에 등장하는 O 씨처럼 점점 일이 몰려버립니다. 계속 과부하가 걸리겠죠. 그래도 거기까지는 차라리 괜찮습니다. 세상에는 '능력 있는 자기 모습'에 긍지를 지닌 사람도 많기 때문에 문제가 되지 않습니다. 심지어 그런 자신에게 취해 있는 사람도 있으니까요!

하지만…… 어느 순간엔가 취기가 가시고 제정신이 돌아옵니다. 그러다 의욕이 훅 사라져 버립니다.

'뭣 때문에 나한테만 일이 몰리는 거지?'
'나도 저 사람들처럼 매일 칼퇴해서 놀러 가고 싶다고!'

'나만 바보 같아…….'

게다가 '일을 하지 않는 사람을 만들어내는 다섯 가지 원인'에서 살펴본 ④ '열심히 해봤자 좋은 평가를 받지 못한다'나 ⑤ '열심히 하지 않아도 해고되지 않는다'의 요소가 더해지면 더 위험합니다. 어느 날 갑자기 일하지 않는 사람으로 변신할 수 있거든요!

이 현상은 초등학교에서도 볼 수 있습니다. 수업 시간에 딴짓하는 두세 명의 아이들이 반에서 방치되다가 순식간에 학급 전체로 번져 학생 대다수가 수업을 듣지 않게 됩니다. 머지않아 열심히 수업을 듣던 몇 안 되는 아이들까지도 자신이 바보가 된 것 같아 그냥 놀아버립니다. 일하지 않는 사람에게 물들어버린 거죠.

2 대 6 대 2의 법칙을 받아들이자

'일을 하지 않는 사람이 하나도 없게 하자!'

관리직이라면 누구나가 바라는 겁니다. 하지만 안타깝게도 현실적으로 불가능하죠. 어느 정도 규모가 있는 조직에서는 일정수의 '일하지 않는 사람'이 반드시 생겨나게 마련이니까요.

2 대 6 대 2의 법칙을 알고 있습니까? 조직은 우수한 20퍼센트와 보통의 60퍼센트, 부족한 20퍼센트의 사람들로 구성되어 있습니다. 거기서 '퍼포먼스가 높은 팀을 만들겠다'고 20퍼센트의 우수한 직원만 선발하여 팀을 꾸린다 해도 거기서 다시 2 대 6 대 2의 구조가 생겨난다는 법칙입니다.

어째서 2 대 6 대 2가 발생할까요? 여기에는 두 가지 배경이 있습니다.

① 20퍼센트의 우수한 사람이 열 가지의 업무를 처리해버린다

② 원래 열 가지의 일감이 없다(인력 과잉)

운동회의 줄다리기를 생각해보세요. 20명 대 20명의 대항전. 밧줄을 열심히 당기는 사람이 있다고 한다면 그저 손만 얹어놓는 사람도 있습니다. 실제로는 다섯 명씩만 경기를 하는 걸지도 모릅니다.

이번에는 고등학교의 학교 축제 준비를 떠올려보세요. 방과 후에 학급 전원이 골판지와 나무를 조립해서 연극에 쓸 도깨비 집을 만들고 있습니다. 이럴 때 꼭 일이 없어서 무료하게 있는 학생이 있지 않나요. 애초에 학급 전원이 필요한 업무량이 아니었던 겁니다.

어떤 조직에서도 2 대 6 대 2가 됩니다. 당황하거나 거부하지 말고 '우주의 법칙'이라고 생각하고 받아들이세요.

그럼 어떻게 해야 할까요? 과감히 2 대 6 대 2로 팀을 구성해버립시다. 단, 2와 6과 2. 각각의 업무 내용과 역할을 달리하여 적성에 맞는 사람을 배치하도록 고안하세요.

예를 들어 연구개발부의 경우 '연구원들로만 구성하여

전원을 연구에 매진하도록 하는 게 좋다'고 할 수 있을까요? 대답은 '아니요'입니다. 관리 업무도 있고, 일반적인 사무 업무도 있는데 그런 업무를 할 사람이 없다면 부서는 제대로 돌아가지 않겠죠.

이전에 제가 근무했던 회사에는 우수한 관리직(과장, 부장급)만으로 구성된 정예팀이 있었습니다. 그 팀과 회의를 할 때면 회의실에는 에이스 관리직들이 죽 늘어서 있었죠. 그런데 "회의록은 누가 작성하지" "다음 회의 때 회의실은 누가 예약하지" 등과 같은 말이 꼭 나옵니다. 대부분 가장 나이가 어린 관리직이 이런 일을 맡게 됩니다. 그럴 때 "지금까지 사원들이 해오던 일을 관리직인 내가 왜……"라는 불평이 나오게 마련입니다. 기분이 상한 그 사람은 일을 하지 않게 됩니다. 힘의 균형에서 밀려나 원래 우수한 2에 속했던 사람이 보통의 6, 혹은 부족한 2로 전락하고 마는 것이죠.

만약 이 팀에 회의록을 작성하는 것에 거부감이 없고, 신청 절차나 사무 업무를 잘하는(또 그런 업무만 하고 싶어하는) 일반 사원이나 계약직 사원이 있다면 어떨까요? 각

☑ 2 대 6 대 2의 법칙을 받아들이자

우수한	보통의	부족한
20퍼센트	60퍼센트	20퍼센트

2 대 6 대 2의 구조는 반드시 생겨난다

그래서

어떻게 잘 활용할 수 있을지 생각해보자!

인원 배치의 고민

다른 특성을 지닌 사람들로 팀 구성

직무 분담의 고민

ⒶⒷⒸ

직무

자 자신의 특기 분야나 하고 싶어 하는 업무를 할 수 있으
니 행복할 겁니다. 또한 서로에 대한 존경과 고마운 마음
도 생겨납니다.

　직장에는 여러 가지 다른 성질의 업무가 존재합니다. 모
두에게 똑같은 업무와 역할을 부여하고 동일한 능력을 요
구하지 말고 팀원을 적재적소에 배치한다면 더할 나위 없
겠죠. 2 대 6 대 2를 전략적으로 활용하자는 겁니다.

누가 무엇을 하고 있는지 모른다

SECTION 10

"어쨌든 다들 바쁜 것 같은데, 무슨 일을 하는지는 모르겠어."

"그러고 보니 지난주부터 못 보던 사람이 있는데. 저 사람은 대체 누구지?"

"상사의 경력은 잘 모르는데."

"옆 팀의 A 씨, 사실은 영어를 엄청 잘하나 봐?"

"정신을 차려보니, 사람이 관둬버려서 자리에 없네."

모두 열심히 자기 일에 최선을 다하고 있지만, 그것만으로 충분할까요? '누가 무엇을 하고 있는지?' '어떤 경력에, 어떤 특기를 지닌 사람인지?' 전혀 알지 못합니다. 이런 직장도 많지 않나요?

'누가 무엇을 하고 있는지 모르는 상태'는 그 자체가 조직의 여러 병폐의 소굴이 되기도 합니다. 속인화(6장), 과잉 서비스(7장), 일을 하지 않는 사람이 존재하는 상태(9장)의 원인이 되는 한편, 업무의 품질이나 속도도 떨어뜨립니다.

왜 '누가 무엇을 하고 있는지 모르는 상태'가 발생하는가

먼저, 가까이 있는 원인을 살펴봅시다.

☑ '누가 무엇을 하고 있는지 모르는 상태'는
조직의 병폐 소굴

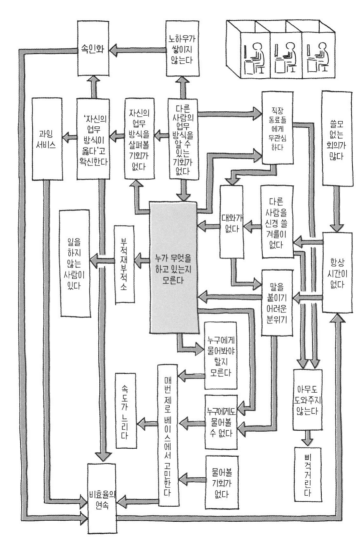

① 대화가 없다

모두 묵묵히 업무에 몰두하고 있습니다. 들려오는 소리라고는 타닥타닥 키보드 두드리는 소리와 전화기 너머로 들려오는 거래처의 목소리 정도입니다. 그래서인지 누군가 외근 나갈 때와 돌아올 때 인사 소리만 유난히 크게 들립니다.

대화가 없습니다. 이래서는 누가 어떤 사람인지, 지금 어떤 업무를 하고 있는지 알 수 없습니다.

② 말을 붙이기 어려운 분위기

대화가 없는 직장에서 상대에게 말을 걸려면 용기가 필요합니다. 그래도 아직 분위기 파악이 되지 않은 신입사원이나 경력직으로 입사한 사원은 눈치껏 말을 걸어보려고 시도합니다. 하지만 상사나 선배는 외면한 채 대꾸가 없습니다.

신입사원과 경력사원은 좌절한 끝에 말을 걸지 않는 사람이 되고 말을 붙이기 어려운 분위기는 더욱 심해집니다.

③ 항상 시간이 없다

왜 대화가 없고 말을 붙이기 어려운 직장 분위기가 되는 걸까요? 다들 너무 바쁘고 시간과 여유가 없기 때문입니다.

시간이 없으니 다른 사람에게 신경 쓸 정신이 없고 잡담할 여유조차 없는 것입니다. 여기에는 두 가지 요인이 있습니다.

① 쓸모없는 회의가 많다(4장) → 자신의 업무를 할 시간이 없다 → 항상 시간이 없다

② 업무의 효율이 낮다 → 늘 일에 허우적거린다 → 항상 시간이 없다

④ 다른 사람의 업무 방식을 알 수 있는 기회가 없다

아무리 바쁘게 돌아가는 직장이라도 다른 사람의 경력이나 업무 처리 방식을 엿볼 '기회'만 있다면, 서로를 알아갈 수 있을 것입니다. 이마저도 없다면 희망이 없습니다. 하루하루 바쁘게 흘러가다 보니 팀원은 서로에 대해 아무것도 모른 채 시간이 지나갑니다. 그리고 어느 순간, 나직이 중얼거리겠죠.

"저 사람, 누구였더라?"

'누가 무엇을 하고 있는지 모르는 상태'가 만들어내는 질병

이 상태를 방치하면 다음과 같이 무시무시한 질병이 조직에 생

183

겨냅니다.

새로운 사람이 고립되는 병

총기 있는 신입사원이든, 베테랑의 경력사원이든, 신참이라면 누구나 새로운 직장의 업무 처리 방식과 관습에 대해 잘 알지 못합니다. 그렇기 때문에 선배에게 의지하게 마련입니다.

그런데 누가 무엇을 하고 있는지 모르는 상태라면 누구에게 물어봐야 할지 알 수 없습니다! '노하우의 소재를 모른다'라고 할 수 있겠네요.

한술 더 떠 말을 붙이기 어려운 직장의 분위기가 거기에 쐐기를 박습니다. 다들 바쁘기 때문에 아무에게도 물어볼 수 없는 거죠. 물어볼 기회가 없습니다(회의나 미팅이 쓸데없이 많은 탓에).

아무도 상대해주지 않고(잘못하면 상대가 나를 알아채지도 못하고) 말을 걸어도 귀찮아하다가 결국에는 '스스로 생각해봐'라는 말만 돌아옵니다.

이렇게 새로운 사람은 점점 고립되어 갑니다.

땀을 흘려야만 아름다워 보이는 질병

- 매번 제로 베이스에서 고민하는 비효율

그토록 가혹한 무인도에서 살아남은 강인한 신참은 이번에는

☑ '누가 무엇을 하고 있는지 알지 못하는 상태'가 만들어내는 질병

스스로 생각해서 업무를 하려고 노력합니다. 매번 제로 베이스에서 고민하면서 업무를 완성해냅니다. 그 성취감은 무엇과도 바꿀 수 없는 기쁨……이지만, 잠깐만요!

번번이 제로 베이스에서 생각한다고요? 이처럼 쓸데없는 일이 또 있을까요. 다른 사람의 지혜를 빌린다면 10분 만에 끝낼 수 있는 일을 하루 종일 매달려야 합니다. 이는 신입사원뿐 아니라 10년의 경력사원도 새로운 업무(사실은 그 조직이나 회사에서 처리한 적이 있는 업무일 수도 있는)를 할 때 범하기 쉬운 잘못입니다.

이런 식이라면 시간이 지나도 결코 업무의 속도, 품질, 효율은 좋아질 리 없겠죠. 같은 실수를 반복하게 될 테니까요.

그런데 다들 이런 방식을 되풀이하고, 매번 처음부터 고민해서 애쓰는 걸 당연하게 여기고, 더 나아가 마치 조직의 미덕인 양 여기고 있습니다. 이야, 기업 문화 참 무섭네요! 하지만 이래서는 추가 근무가 사라질 수 없습니다.

개인화, 속인화 병

다른 사람의 업무 방식을 모른다는 건 곧 자신의 업무 방식을 되짚어보고 다른 사람의 훌륭한 방식을 도입할 기회가 없다는 것과 마찬가지입니다. 스스로 업무 방식을 만들어서(혹은 전임자의 속인화된 방식을 그대로 이어받아), 자신이 고집하는 방식으로 달리

는 것밖에는 되지 않습니다. 이렇게 직장의 개인화와 속인화에
점점 속도가 붙습니다.

앞에서 언급한 대로 새로운 업무가 생겼을 때는 전부 제로 베
이스에서 생각합니다. 이렇게 오늘도 어딘가에서 누군가의 독자
적인 업무 방식이 생겨나겠죠.

팀 편성, 역할 분담 불완전 증후군

누가 무엇을 하는지 모르고, 상사도 부하 직원의 업무를 파악
하지 못하고 있습니다. 상사와 부하 직원의 멘토 제도가 갖추어
진 회사라면 몰라도, 그런 기회조차 없는 직장에서는 상사가 부
하 직원의 특기를 전혀 모른 채 무턱대고 계획한 탓에 업무와 기
술을 제대로 접목하지 못하는 일이 발생할 가능성도 있습니다.

다시 말해, 인재의 부적재부적소의 한 원인이 되는 것이죠. 그
것이 부하 직원의 사기와 조직의 퍼포먼스를 낮추어 결과적으로
일을 하지 않는 사람, 할 수 없는 사람(9장)을 만들어낼 가능성도
있습니다.

나 몰라라 병

이런 직장에 활기가 있을 리 없겠죠.

대화도 없고, 다른 사람에게 무관심합니다.

서로가 서로를 잘 모르기 때문에 무슨 말을 해야 할지 모릅니다. 누군가 힘들어해도 무엇 때문에 힘든지 모르고, 어떻게 도와주어야 할지도 모르기 때문에 손을 내밀 방법이 없습니다.

이런 식으로 서로 돕지 않는 조직 풍토가 생겨납니다. 직장 분위기는 항상 어색하고 오늘도 새로운 사람은 무인도에 고립되어 있습니다. 악순환이 바로 이런 것이겠죠!

돈을 들이지 않더라도
커뮤니케이션의 '기회'를 만들 수 있다

그럼 이 악순환의 고리는 어디서부터 어떻게 끊어야 할까요? 직장은 항상 시간이 없고, 여유가 없는 것이 문제입니다. 하지만 시간이 충분하고 여유가 넘치는 일터가 존재할까요? 그래서 상사와 부하 직원, 부하 직원과 상사가 서로 알 수 있는 '기회'를 만드는 것이 중요합니다.

- 먼저 나서서 잡담을 즐긴다
- 서로의 업무 처리 노하우를 배우는 자리를 마련한다(사례 발표, 연구 모임 등)
- 경력을 알 기회를 마련한다(경력 정보 모임 등)

- 사무실 가장자리에 '휴게실'을 만든다(탕비실을 두는 등)
- 오프 타임off time을 정하고 커뮤니케이션의 자리를 만든다(회식 자리가 아닌 점심시간이어도 OK)

　돈을 들이지 않고도 지금부터 시작할 수 있는 것들이 많이 있습니다.

　우수한 리더, 세계적으로 활약하고 있는 리더들은 잡담을 즐깁니다. 자신의 경력과 취미, 가족 등 적극적으로 자신을 드러냄과 동시에 부하 직원에게도 관심을 가지고 상대의 이야기를 잘 듣습니다.

　인간이란 재미있는 존재라서 누군가 자신에게 관심을 가져주면 그 사람이 자신을 알아주었으면 하고, 자신을 알리고 싶어 합니다. 이런 식으로 서로의 특기를 알 수 있고, 힘들 때는 의지할 수 있는 신뢰 관계와 협력 관계가 직장에서 생겨납니다.

　관련해서 제가 전에 다녔던 직장 이야기를 해보겠습니다. 일본과 중국이라는 서로 다른 거점에서 이루어지는 프로젝트였는데, 일과 후 자유 시간에 화상회의 시스템으로 두 곳을 자주 연결하여 회의실에서 '원격 회의'를 하곤 했습니다(분위기는 점점 고조되었습니다). 서로 떨어져 있었지만, 노력 끝에 커뮤니케이션이 가능해졌습니다.

'안타깝고 답답하다'는 태도로 문제를 대면하자

누가 무엇을 하고 있는지 모르는 상태는 각종 질병의 온상이 될 뿐 아니라, 조직 입장에서도 '안타까운' 일입니다!

- 사실은 골칫거리의 해결책을 옆 사람이 가지고 있는지도 모른다!
- 사실은 새로운 업무에 필요한 지식이나 스킬을 가진 사람이 거기에 있을지도 모른다!
- 이 사람과 저 사람이 함께한다면 더 재미있는 일에 도전할 수 있을지도 모른다!
- 서로를 잘 알면, 업무가 좀 더 재미있어진다!

'직장 문제를 해결하겠다'고 작정하고 접근하면 부담이 크지만 '안타깝고 답답한 일을 해소하자'라고 생각하면 의욕이 솟아납니다. 그런 마음으로 이 문제를 해결해보면 어떨까요?

경영진에게 실태가
전달되지 않는다

현장의 수준에서는 개선에 한계가 있다

　어느덧 마지막 장이 되었습니다. 직장에서 일어나는 문제점들의 배경과 원인을 살펴보고 나름의 '직장의 문제 지도'를 만들어보았습니다. 지금까지 현장에서 할 수 있는 대책과 개선책을 고민해보았는데, 현장의 상황이 좋아진다면 두말 할 나위 없겠지만 현장 수준에서의 개선에는 한계가 있습니다. '인원을 늘린다' '업무량을 줄인다' '시스템을 바꾼다' 등 상사와 경영진에서 움직이지 않으면 안 되는 경우도 많습니다.

　하지만 상사나 경영진에게 현장의 주요 업무 실태를 전하지 않거나, 아니면 상사와 경영진에서 알려고 하지 않습니다! 만약에 문제에 대해서 필사적으로 호소하면…….

　"아니, 대체 당신네 부서는 뭐가 문제인가?"
　"바쁘다, 바쁘다 하는데 얼마나 바쁜 건가?"
　"모든 부서가 바쁜 것은 매한가지야."

　이런 말만 돌아옵니다.

　"뭐, 어쨌든 돌아가고 있잖아. 계속해서 하던 대로 열심히 하게.

☑ 상사와 경영진이 실태를 제대로 알지 못하면…

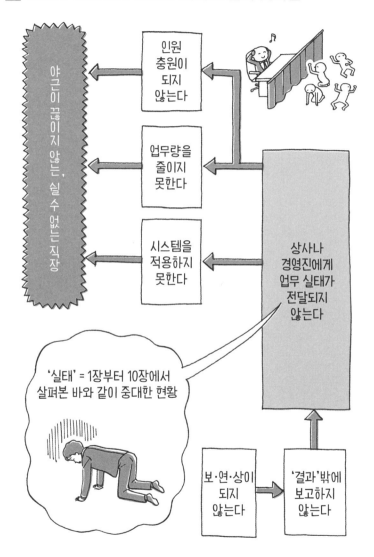

기대하고 있겠네!"

  어깨를 툭 치면 게임 오버. 그리고 오늘도 팀원의 근성과 열정으로 버텨내는 위태위태한 상태가 이어질 뿐입니다.

  '나도, 이제는 한계야……'

  결국 자신이 이렇게 되지 않으려면, 또 소중한 부하 직원을 잃지 않으려면 상사나 경영진에게 실태를 제대로 전달해야 합니다. 그러려면 어떻게 해야 할까요?

결과 '만' 보고하기 때문에……

  현장에서 문제가 되는 상황을 알리려면?

  해답은 단 한 가지, 윗사람과 소통하는 수밖에 없습니다. 하지만 대부분의 기업들이 위로 갈수록 바쁘기 때문에, 커뮤니케이션을 할 수 있는 여건이 쉽사리 조성되지 않습니다. 그래서 '보고'라는 수단을 사용하는 것이죠.

여러분 팀 업무의 운용 상황을 알 수 있도록 평소에 상부에 보고합시다. 그런데 '지금도 월례보고는 하고 있습니다'라고요? 네, 알겠습니다. 그렇다면 하나 물어보죠. 어떤 내용을 보고하고 있습니까?

- 영업 부문이라면 매출액, 매출 건수, 매장 방문 고객 수, 수주 예상 금액, 수주 예상 건수 등
- 마케팅 부문이라면 광고, 시청 건수(TV로 치면 시청률, 웹이라면 클릭 수 등)
- 구매 부문이라면 구매 건수, 비용 절감액 등
- 헬프 데스크라면 문의 건수, 응대 완료 건수, 고객 만족도 등

이 정도일 겁니다.

벌써 한 가지 궁금증이 생기는군요. 이 내용만 듣고 당신의 상사 혹은 경영진은 엉망인 현재의 상태를 알 수 있을까요?

"매출액도 건수도 순조롭군. 좋아, 좋아!"

"문의 건수가 증가하는 경향이 있지만, 90퍼센트 이상 처리율을 보이고 있으니 문제없군."

이렇게 판단하기 쉽습니다. 하지만…….

매출 금액과 건수의 실적이 매일 끊이지 않는 야근 업무로 만들어진 것이라면?

일을 하지 않는 직원 때문에 '결원 1인'의 상태로 돌아가고 있는 것이라면?

어쩌다 운 좋게 수주한 것일 뿐이라면?

헬프 데스크의 경우, 두 명의 우수한 직원이 전체의 70퍼센트를 처리하고 있는 반면, 나머지 다섯 명의 처리 속도나 품질에 문제가 있다면?

기존의 보고로는 이러한 생생한 실태와 위험 요소를 알 방도가 없습니다.

그 이유는 간단합니다. 보고에서 전달하는 내용이 '결과'이기 때문입니다. 결과만 전달하고 있으니 이면에 벌어지고 있는 일을 알 수 없는 것입니다. 성과주의 문화가 만연한 직장이라면 더더욱 '성과만 좋으면 된다'라는 식으로 흘러가 버립니다.

점점 떨어지는 현장의 의욕

"우리는 이렇게 열심히 하고 있는데……."

"작년보다 팀원이 두 명이나 부족한 상태로 매일 밤늦게까지 일하고 있다고요!"

"매출 목표를 올리기 전에 형편없는 시스템이나 어떻게 좀 해줬으면……."

현장의 노력과 고생을 상사도 경영진도 몰라줍니다. 이런 상태가 계속되면 부하 직원의 의욕은 점점 떨어집니다.

- 아무리 열심히 해도, 결과만 가지고 평가받는다
- 팀의 평가도 올라가지 않는다
- 개인의 평가도 올라가지 않는다
- 열심히 했지만 인사 평가는 모두가 사이좋게 C……

당연히, 투자도 없습니다. 현장은 계속 그 상태를 벗어나지 못합니다.

결국에는…….

'왜 우리 관리자는 상사나 경영진에게 실태를 보고하지 않는 거지? 관리자가 해야 할 일 아닌가. 대체 일을 하고 있는 건가?'

'우리 경영진은 바보 아니야……?'

그렇게 불신이 점점 커지겠죠. 더 무서운 것은 이러한 불신이 만연해지기 쉽다는 것입니다. 그러다 한두 명씩 점심시간에 구직 사이트를 뒤지기 시작합니다. 맙소사!

보고해야 하는 것은 '프로세스'다!

결과를 보고하는 것이 문제라면, 무엇을 보고해야 할까요? 답은 '프로세스'입니다.

- 그 업무는, 몇 명이 맡아 진행하고 있는가?
- 시간은 얼마나 걸리는가?
- 담당자의 기술 수준은?
- 어느 정도 비용이 들어가고 있는가?
- 조작 실수는 얼마나 발생하고 있는가?
- 총 노동 시간은?

☑ 보고해야 하는 것은 '결과'가 아니라 '프로세스'다!

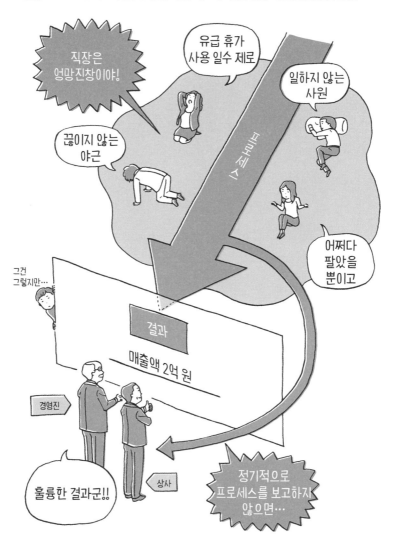

- 야근 시간은?

- 유급 휴가의 사용 일수와 사용률은?

결과를 얻기 위한 프로세스를 측정하고 보고합니다.

보고는 정기적으로 실시합시다. 그렇지 않으면 실태 추이와 대책의 효과를 제대로 알 수 없기 때문입니다. 최소한 매월 보고하는 것으로 합시다.

그러나 일부러 프로세스만 보고하러 가는 건 바쁜 상사와 경영진 입장에서 탐탁지 않게 여길 가능성이 큽니다(이것이야말로 쓸모없는 회의를 늘리는 격입니다!). 그래서 기존의 월례회의에서 "이제부터 프로세스도 보고하고 싶습니다"라는 식으로 보고 내용을 못박는 것이 좋습니다.

보고할 때 특히 무엇을 조심해야 할까요? 3장 '보·연·상이 되지 않는다'를 다시 한 번 읽어봐주세요. 보·연·상의 기본은 상부 수준의 보고에서도 요구됩니다.

프로세스 측정이란 조직의 건강 진단과도 같은 것입니다. 신장과 체중의 증감만을 보고 일희일비하다가는 질병을 알아차리지 못하듯이, 조직의 경우도 결과에만 신경 쓰다 보면 어디가 잘못되었는지 놓쳐버리기 일쑤입니다. 그렇기 때문에 당신의 업무가 건강한 상태로 제대로 돌아가고 있는지 측정하는 수밖에 없습니다.

무엇을 측정해서 보고해야만 하는가?

그럼 여러분의 업무가 제대로 돌아가고 있는지 알리려면, 어떤 프로세스를 측정해서 보고해야 할까요?

여기에서 다시 '그 그림'이 등장합니다.

업무, 즉 일이란 무엇일까요? '인풋을 성과물로 바꾸는' 조치입니다. 이 기본으로 돌아가봅시다.

업무가 돌아가지 않는 상태란 이 그림의 어딘가가 원활하게 돌아가지 않는다는 말입니다.

- 인풋이 성과물로 변환되는 속도가 느리다(=정해진 서비스 수준을 충족하지 못한다)
- 실수나 재작업이 많다
- 장시간 노동, 업무량 과다
- 이유는 모르겠지만, 인풋을 투입하면 성과물은 나온다(일의 내용이 불분명, 이른바 속인화)

201

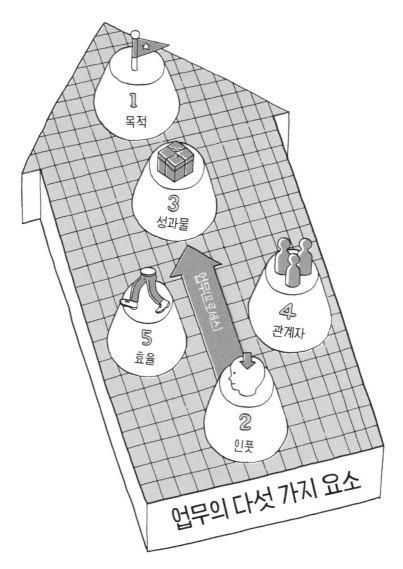

☑ 업무가 돌아가지 않는 상태

인풋이 성과물로
변환되는 속도가 느리다

실수나 재작업이 많다

인풋

성과물

꾸물꾸물

빙글빙글

장시간 노동,
업무량 과다

이유는 모르겠지만
인풋을 투입하면
성과물은 나온다

성과물

인풋

빵빵

이른바 '속인화'

이런 증상을 감지하려면 어떻게 해야 할까요?

이 그림의 어딘가를 측정할 필요가 있습니다. 센서를 부착한다고 생각해보세요.

그럼, 이제 어느 부분의 무엇을 측정하면 좋을까요?

안타깝게도 정답은 없습니다. 그 이유는 '무엇을 측정하여 전달하고 싶은가?'는 여러분과 상사가 무엇을 문제시하는가에 달려 있기 때문입니다. 또 업무의 특성(반복 작업과 같은 오퍼레이션 업무인지, 기획이나 디자인 등 새로운 가치를 창조하는 업무인지)에 따라서도 완전히 달라지기 때문입니다.

……이래서는 너무 막연하죠. 그러나 정답은 없지만 선례는 얼마든지 있습니다. 스스로 고민하는 것도 중요하지만 민첩한 경험자의 측정 사례를 살펴보고 괜찮은 걸 응용해보는 것도 좋겠죠. 이하 몇 가지 측정 리스트 사례를 제시하겠습니다.

- 스태프 인원
- 스태프 스킬 수준(업무 숙련도)
- 노동 시간
- 유급 휴가 사용 일수
- 휴일 출근 일수
- 외주 의존도

- 성과물의 양

- 소요 일수(시간)

- 서비스 수준 위반 건수

- 관계 부서에서 발생한 공정 수

- 전체 안건 수

- 실수 발생 수

- 재작업 발생 수

- 클레임 수

- 문제 해결률

- 문제 해결 속도

- 자기 해결률

- 신규 제안 수

- 판촉 이벤트 실시 수

- 예상 고객 수

- 접촉 고객 수

- 미팅 건수

- 매장 방문 고객 수

- 새로운 노하우 수

- 노하우 유용성

- 부서 내 소모임 개최 수

- 부서 내 소모임 참가자 수
- 부서 내 소모임 유용성
- 경비

위의 리스트를 참고하여 팀 전체와 개인 수준 모두를 측정합시다. 전체만 보면 팀원 개개인의 노력과 효율, 업무 숙련도를 측정할 수 없습니다.

여기서 조심해야 할 것은 프로세스의 측정 목적이 개인을 세세하게 관리해서 옭아매려는 것이 아니라는 점입니다. 어디까지나 이상과 목표에 대한 미달 상태(혹은 그 전조)를 점검하고 힘들어하는 팀원을 리더, 혹은 동료가 지원할 수 있는 시스템 구축을 고민하기 위함입니다. 다시 말해 팀원을 몰아세우려는 것이 아니라 지켜내려는 것입니다.

그렇지만 막상 측정하게 되면 직장 분위기는 험악해지기 쉽습니다. 모조리 상세하게 측정할 것이 아니라 필요한 항목만 제대로 측정하도록 합시다. 이런 식의 강약 조절도 중요합니다.

'정의→측정→보고→개선'의 사이클을 유지한다!

'정의할 수 없는 것은 관리할 수 없다. 관리할 수 없는 것은 측정할 수 없다. 측정할 수 없는 것은 개선할 수 없다.'

다시 한 번 에드워드 데밍 박사의 말을 살펴보겠습니다. 업무가 제대로 돌아가는 상태가 되려면 '정의→측정→보고→개선'의 사이클 구축과 유지가 중요합니다.

- 무엇을 측정할지 정의하고, 매일의 업무를 측정한다
- 그것을 상사나 경영진에게 책임을 갖고 보고하고 개선으로 이어간다

이렇게 반복하다 보면 여러분의 직장과 팀원은 좋아질 것입니다. 개인의 열정과 근성에 의지하여 일하는 방식에서 탈피하기 위해서라도 여러분이 먼저 솔선해서 한 걸음 내디뎌 이 사이클이 돌아가게 만들어봅시다.

제가 주임이 되었을 당시, 존경하던 과장님이 해주었던 말을 잊을 수 없습니다.

☑ '정의 → 측정 → 보고 → 개선'의 사이클

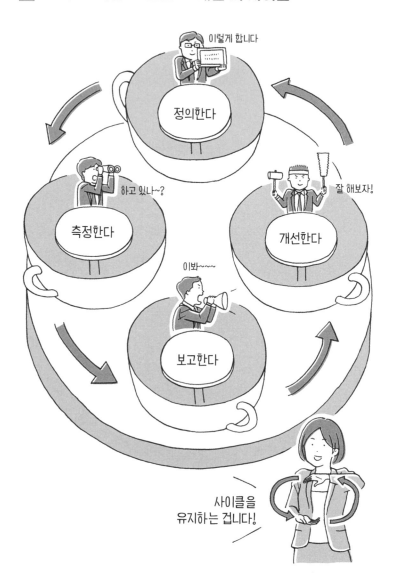

"나는 더 이상 현장의 실태를 잘 모르겠어. 그러니 자네의 힘이 필요해. 현장의 진실을 나에게 정확하게 전달하는 것, 이것이 바로 자네 책임이라는 걸 명심해주게. 그렇게 하지 않았다가는 내가 잘못된 판단을 내릴지도 몰라. 부탁하겠네."

그날 그 과장님과 마셨던 술맛은 지금도 잊을 수 없습니다.

'진실을 전한다.'

그러기 위해서 무엇을 측정하고, 무엇을 보고해야 할까요?
고민하고, 실천해야 하지 않을까요.

'워라밸'이라는 말이 필요 없는 사회를 향해서

"우리 회사에는 '워라밸' 같은 말은 없습니다."

순간, 제 귀를 의심했습니다.

예전에 어떤 회사의 경력사원 채용 면접을 본 적이 있었습니다. 부장이 "뭐, 궁금한 것 있습니까?"라는 질문에 저는 '워라밸' 향상을 위한 노력에 대해 물어보았습니다. 부장이 정색하고 내놓은 대답이 이것이었습니다. 저는 그만 표정이 굳어졌습니다. 대체 얼마나 장시간 노동이 많고 가혹한 직장이기에⋯⋯.

기가 막혔죠. 하지만 다음 순간, 부장은 살며시 미소를 띠며 설명했습니다.

"⋯⋯우리 회사의 직원들은 거의 매일 정시에 퇴근하기 때문에 '워라밸' 같은 것에 신경 쓸 필요가 없거든요. 쓸모없는 회의도 거의 없습니다. 저도 입사했을 때 놀랐으니까요."

아, 그 말이었구나!

나도 모르게 무릎을 탁 쳤습니다. 물어보니 다들 대부분 18시 이전에 퇴근하고 19시가 지나서까지 남아 있는 사람은 아주 드물다고 하더군요. 그러니 정시 퇴근일과 같은 강제 퇴근 제도를 마련할 이유가 없었습니다. 추가 근무는 필요할 때 자발적으로 하는 것이었습니다(나중에 그 회사 사원에게 직접 확인했습니다).

"업무 분담과 운영 프로세스가 제대로 된 회사라고 생각합니다. 빨리 퇴근해서 동료들과 술자리를 가지거나, 취미를 즐기기도 하고, 자격증을 따기 위해 공부하거나, 가족과 시간을 보내는 사원이 많습니다. 저는 지난주에 휴가를 내서 초등학생 자녀들과 해수욕장에 다녀왔습니다. 뭐 이 정도입니다."

소매를 걷어 햇볕에 그을린 팔을 보여주며 즐거운 표정을 짓던 부장의 모습이 참 인상적이었습니다. 그때 저는 확신했습니다.

정말 '워라밸'이 충실히 지켜지는 직장에는 애초에 '워라밸'이라는 말 자체가 필요 없다는 것을요.

'워라밸' 같은 말이 없는 회사. 저는 이것이야말로 당연한 모습이라 생각하며 하루하루 기업의 업무 방식 개선을 위해 노력하고 있습니다.

이 책에서는 제가 사원으로 일했거나, 컨설턴트로 관여했던 기업의 생생한 사실과 현상들을 '직장의 문제 지도'로 그려보고 대책을 제시했지만, 이것은 어디까지나 제가 보고 들은 세계에 지나지 않습니다. 세상에는 동일한 환경을 지닌 직장은 어디에도 없습니다. 더욱이 여러분 직장에도 나름의 문제가 반드시 있을 것입니다.

그러니 꼭 여러분의 '직장의 문제 지도'를 그려보시기 바랍니다.

가능하면 혼자 하지 말고, 상사와 동료, 부하 직원, 타 부서의 사람들과도 함께 화이트보드나 모조지를 펼쳐놓고 워크숍 형식으로 제대로 하는 걸 제안합니다. 외부인들과 함께하는 것도 재미있겠네요. 이 책에서 제시한 것 외에도 직종이나 업종 혹은 회사 특유의 문제점을 파악할 수 있겠죠. 또 세대, 성별, 직책, 직종 등의 차이에 따른 가치관의 차이가 부각되기도 하며, 서로의 입장과 문제의식을 더 잘 이해하는 계기가 되기도 합니다.

저는 올해부터 기업과 단체에서 의뢰를 받아 '직장의 문제 지도'를 그리는 워크숍의 퍼실리테이터(팀이 그들 자신의 행동에 대해 더 잘 알도록 해주는 일종의 조력자이자 촉진자 – 옮긴이) 역할을 하고 있습니다. 회사 사람들끼리 하는 것도 괜찮지만, 외부인이 퍼실리테이터로 참여하게 되면 다음과 같은 이점을 얻을 수 있습니다.

- 자신들만으로는 얻을 수 없는 '깨달음'이나 '개선점'이 보인다
- 상사나 베테랑 선배 사원에게 직접 말하기 힘든 걸 외부인이 대변해준다

이와 같이 외부의 객관적인 눈을 빌리는 것도 방법입니다.

중요한 것은 함께 일하고 있는 동료들끼리 머리를 맞대고 충분히 논의해보는 것입니다.

- 조직의 풍토, 문화, 가치관, '우리다움'에 맞게 개선해나간다
- '바꾸지 않으면 안 되는 것'과 '바꾸어서는 안 되는 것'을 현장의 시선으로 주체적으로 고민한다
- '제도' '개인 기술'뿐 아니라 '프로세스'와 '기회'에도 주목한다

이렇게 하지 않으면 아무리 훌륭한 개선책도 '공감'을 얻지 못하고, 업무 방식을 바꾸어보았자 조직에 정착되지 않습니다.

인사부서에서 시키는 대로, 혹은 컨설턴트가 시키는 대로 추가

☑ 직장의 문제 지도 그리기 워크숍

※ 2016년 3월 후지제록스 고객 공동 가치 창조 연구실에서 진행했던 워크숍의 한 장면

근무를 줄이는 제도나 업무 개선책을 도입해도 좀체 해결되지 않는 이유가 바로 여기에 있습니다. 일시적으로 노동 시간은 줄어들지 모릅니다. 하지만 어딘가에서 '부작용'이 생겨납니다. 뭔가 삐걱거립니다. 그런 개선책은 역시나 오래가지 않습니다.

'워라밸'이라는 말이 최근 들어 더욱 주목을 받고 있습니다. 과연 일시적인 '워라밸 축제'로 끝나버리게 할 것인가? 아니면 머지않아 '워라밸'이라는 말이 필요 없어지게 할 것인가? 그것은 우리 한 사람 한 사람의 의식과 행동에 달려 있습니다.

이대로 가게 되면 미래지향적인 사회는 그야말로 꿈속의 이야기입니다. 우리의 업무 방식을 이제는 정말로 바꾸어봅시다.

10년 후, 아니 5년 후 '워라밸' 같은 말이 더 이상 필요 없도록!

사와타리 아마네

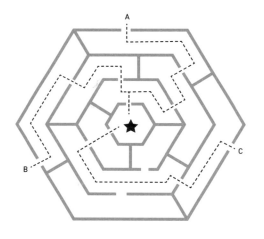

해 결 하 는 순 간 성 과 가 나 는
직장의 문제 지도